글 서지원

한양대학교 국문학과를 졸업하고 1989년 「문학과 비평」에 소설로 등단했습니다. 신문사 기자, 벤처 기업 대표, 출판사 편집자를 거쳐 현재 동화 작가로 활발히 글을 쓰고 있습니다. 쓴 책으로는 『우리 옷에 숨은 비밀』, 『우리 음식의 숨은 맛을 찾아라』, 『어느 날 우리 반에 공룡이 전학왔다』, 『훈민정음 구출 작전』, 『원더랜드 전쟁과 법의 심판』, 『세상 모든 철학자의 철학 이야기』, 『레 미제라블』, 『원리를 잡아라! 수학왕이 보인다』, 『개념교과서』, 『토종 민물고기 이야기』, 『귀신들의 지리공부』, 『무대 위의 별 뮤지컬 배우』, 『어린이를 위한 리더십』 등이 있습니다.

글 정우진

서울에서 태어나 단국대학교 국어국문학을 전공했습니다. MBC, EBS 등에서 '뽀뽀뽀, TV 속의 TV'를 비롯하여 다양한 교육 프로그램 등의 방송 작가로 활동했습니다. 지은 책으로는 『초등학교 6학년까지는 꼭 알아야 할 우리말 사전』, 『생각이 통하는 상식』, 『정치가 궁금할 때 링컨에게 물어봐』, 『암기왕 단숨에 따라잡기』, 『세상 모든 숫자들의 이야기』, 『리더가 되는 자기 계발 동화』시리즈, 『어린이를 위한 친구 관계의 기술』 등이 있습니다.

글 나혜원

덕성여자대학교에서 영어영문학을, 서강대학교 대학원에서는 디지털미디어를 전공했습니다. 기자와 편집자 등으로 활동했습니다. 지은 책으로는 『일주일 만에 끝내는 교과서』, 『국제무대에서 꿈을 펼치고 싶어요』 등이 있습니다.

글 조선학

서울예술대학교 극작을 전공하고 기자와 편집자 등으로 활동했습니다. 1995년 대화출판사에서 주최한 스토리 공모전에서 〈혼자가 아닌 둘이서〉라는 소설로 행복상을 수상하고 작가로 데뷔했습니다. 지은 책으로는 『사랑 듬뿍 초코초코 베이커리』, 『일주일 만에 끝내는 교과서』 등이 있습니다.

로운어린이교육연구회

동화 작가, 미디어 전문가, 교사, 편집 기획자 등 전문 분야에서 일하는 사람들이 모였습니다. '로운'에는 슬기로운 어린이, 지혜로운 어린이, 이로운 어린이로 키우고자 하는 마음이 담겨 있습니다. 어린이들에게 꼭 필요한 지식과 교양을 재미있게 알려주기 위해 언제나 연구하고 있으며, 어린이들의 눈높이로 세상을 바라보며, 창의력이 가득 찬 생각의 나무로 뻗어 나가고 있습니다.

그림 박정인

서울대 디자인학부에서 그림도 그리고 만들기도 하고 공부도 했습니다. 아낌없이 주는 나무와 어린 왕자 같이 따뜻하고 마음을 움직이는 그림책을 그리기위해 오늘도 부지런히 펜과 종이를 들고 씨름하고 있는 재미있고 동그란 일러스트레이터입니다.
그린 책으로는 『유쾌한 기호이야기』, 『세계 5개 건강음식 우리 김치 이야기』, 『열두 살, 192센티』, 『지구촌 사람들의 별난 건축 이야기』, 『입장바꿔 생각해봐』, 『나무 인형 히티의 백 년 모험』 등이 있습니다.

어린이가 꼭 알아야 할 윤리적 소비

착한 소비가 뭐예요?

상상의집

들어가는 말

　용돈을 받고 신이 나서 군것질거리를 사러 달려갔어요. 무엇을 살까? 슈퍼마켓에는 여러 가지 물건들이 가득 진열되어 있지요.
　'이 과자는 얼마지? 전에 먹어 보니 그리 맛있지 않던데. 이건 새로 나온 과자구나. 조금 비싸네. 비싼 만큼 맛있을까?'
　이렇게 물건을 고를 때는 물건의 가치와 가격을 비교해서 사게 되지요. 갖고 있는 돈의 한도 내에서 가장 만족스러운 것을 사는 것입니다. 이렇게 물건을 사는 것을 '합리적인 소비'라고 합니다.
　그런데 물건을 살 때 한 가지를 더 생각하고 사는 사람들이 있습니다. 혹시 농약을 뿌리거나 환경을 오염시키면서 만들어 낸 상품은 아닌지, 안전한지 알아보려고 동물을 가지고 실험을 한 제품은 아닌지 생각하고 물건을 사는 것이지요. 이런 소비를 '착한 소비'라고 합니다.
　착한 소비 운동은 산업이 먼저 발달했던 서유럽에서 처음 일어났습니다. 사람들이 물건을 고를 때 나의 이익만을 생각하지 않고, 도덕적으로 올바른가를 생각해야 한다는 것이지요. 초콜릿을 예로 들어 볼까요? 일반적인 초콜릿은 대부분 다국적 회사를 중심으로 전 세계에서 팔리고 있어요. 다국적 회사들은 좀 더 낮은 가격에 코코아 콩을 사려 하고, 코코아 농장에서는 비용을 줄이려고 점점 임금을 줄여 결국에는 어린이에게까지 일을 시킵니다. 이런 일반적인 초콜릿을 사는 대신 공정 무역을 통한 초콜릿을 산다는 것은 코코아 농장에서 일하는 아이들이 지금보다 좋은 환경에서 공부하면서 지낼 수 있도록 도와준다는 의미예요.

착한 소비는 동물이나 자연에게도 해를 주어서는 안 된다고 말합니다. 그래서 자연을 망가지게 할 수 있는 화학 약품을 쓰지 않고, 인공적인 식품 첨가물들도 사용하지 말자고 합니다.

우리나라에서도 점차 착한 소비를 생각하는 사람들이 많아지고 있어요. 꼭 공정 무역 물건이나 유기농 물건을 사는 것만이 착한 소비의 방법은 아닙니다. 차를 타고 가야 하는 대형 마트나 백화점 대신 동네 가게를 가고, 남는 물건은 서로 나눠 쓰고, 가까운 거리는 걸어가는, 이런 모든 행동들이 착한 소비의 한 방법이거든요.

그럼 우리가 할 수 있는 착한 소비에는 어떤 것이 있을까요? 누구나 할 수 있는 쉬운 방법이 있습니다. 가까운 거리는 걸어가기. 쓰다 남은 학용품들은 서로 바꿔 쓰고, 나눠 쓰기. 화학 첨가물이 들어가 있는 음식 먹지 말기.

'에이, 그것이 무슨 윤리적 소비예요?' 하고 생각하는 친구들도 있을 거예요. 하지만 학용품이 무엇으로 만들어졌는지 잘 생각해 보세요. 종이는 나무를 베어서 만들고 플라스틱 자나 필통은 석유를 가공해서 만들지요. 학용품을 아껴 쓰는 것만으로도 나무를 덜 베고, 이산화 탄소를 조금 덜 발생시킬 수 있답니다.

그럼 착한 소비에 대한 다섯 가지 이야기를 읽으며 더 깊이 생각해 볼까요?

차례

1 제주도를 지켜라 08
깊이 읽기- 녹색 소비 34

2 화장 마녀의 화장대 40
깊이 읽기- 동물 실험 60

3 바바의 둥근 꿈 64
깊이 읽기-어린이 노동 82

4 살비의 웃음 88
깊이 읽기–공정 무역 106

5 쑤어스데이, 타오! 110
깊이 읽기–공정 여행 138

폭풍이 오는 날

번쩍.

갑자기 세상이 환해졌다가 어두워졌다. 활주로가 눈앞에서 펼쳐졌다가 사라졌다.

우르릉 쾅. 우릉, 쾅.

천둥이 울렸다. 하늘이 무너질 정도로 큰 소리였다.

쏴아, 쏴. 쏴아아아.

폭우가 쉬지 않고 내렸다. 하늘에서 물을 쏟아 붓는 것만 같았다. 이렇게 많은 물이 하늘 위에 있었다는 게 현석이는 믿기지 않았다.

제주 공항은 어수선했다. 사람들은 근심 어린 눈길로 공항 밖의 날씨를 살피거나 안내판을 바라봤다. 현석의 가족은 여름 방학을 맞아 제주도로 여행을 왔다. 3박 4일의 여행 중에도 날씨는 그다지 좋지 않았다.

그런데 집으로 돌아가는 날, 갑자기 태풍이 몰아치고 폭우가 쏟아지기 시작했다. 비행기는 뜨지 못했고, 수많은 관광객들이 제주 공항에 발이 묶였다. 서울로 가지 못하게 된 현석이 아빠와 엄마도 발을 동동 구르며 난리가 났다.

공항 한쪽에 켜 둔 텔레비전에서 긴급 속보가 나왔다.

"태풍과 폭우 때문에 당분간 비행기가 정상 운행하기 어려울 것으로 보입니다. 지금 저기압이 한반도 상공을 두텁게 뒤덮고 있습니다. 태풍이 완전히 지나가는데 일주일은 걸릴 것으로 보입니다."

"큰일이네. 출근해야 하는데……. 이거 회사에 뭐라 하지."

아빠와 엄마의 얼굴은 어두워졌다.

"부장님, 죄송합니다. 네. 비행기가 정상 운행하는 대로 올라가겠습니다."

아빠는 휴대폰을 들고 연방 허리를 굽실거리며 방아깨비처럼 사과를 했다. 직장에 다니는 엄마도 마찬가지였다. 회사에 밀린 일이 많은 탓에 엄마의 휴대폰으로 쉴 새 없이 벨이 울렸다.

"미안해요. 얼른 올라가야 하는데……. 바다를 걸어서라도 가고 싶지만……."

현석이는 짜증이 난 얼굴로 공항을 둘러봤다. 새벽부터 점심 때가 지날 때까지 몇 시간째 공항에 앉아 오지 않는 비행기를 기다렸는지 몰랐다. 따분하고, 지루하고, 답답해서 견딜 수가 없었다.

텔레비전에서는 긴급 속보가 계속 흘러나왔다.

"물 폭탄이라고 할 만큼 엄청난 게릴라성 폭우가 한반도에 쏟아지고 있습니다. 산사태가 일어나고, 댐이 넘쳐 집과 토지가 물에 잠기고 있습니다. 이재민들이 수십만 명에 이른다고 합니다. 정부에서는 긴급 구호 팀을 보내 이재민을 돕고 있지만, 아직 손길이 닿지 못하고 있는 곳이 너무나 많습니다. 현재 사망한 사람은 12명, 실종한 사람은 37명에 이르며……."

텔레비전에서는 물이 지붕까지 차올라 사람들이 지붕 위로 대피한 모습이 나타났다. 구조대가 보트를 타고 사람들을 구하러 다녔다. 산에서 뽑혀 내려온 나무들과 소, 돼지 등이 물 위로 둥실둥실 떠다녔.

텔레비전 뉴스는 화면이 바뀌어 외국의 모습을 보여 줬다.

"이상 기후 현상은 우리나라에서만 일어나는 것이 아닙니다. 미국은 허리케인이 발생했고, 일본은 폭우가 쏟아지고 있습니다. 독일과 호주, 인도 등 전 세계 여러 나라에서 대재앙이라고 불릴 만큼 엄청난 재난이 잦아지고 있습니다."

번쩍, 우르릉 쾅…….

공항 하늘에서 또 한 번의 번개와 천둥이 울렸다. 현석이는 문득 가슴이 철렁 내려앉을 만큼 걱정이 되기 시작했다.

"아빠, 꼭 지구가 멸망할 것 같아요."

"뭐? 멸망? 비가 온다고 지구가 멸망하니?"

아빠는 말도 안 되는 소리를 한다는 표정으로 시큰둥하게 대답했다. 아빠는 서울로 빨리 돌아가지 못해 짜증이 난 얼굴이었다.

"이렇게 여기 계속 있을 수는 없잖아. 가까운 곳에 있는 민박집에 가서 쉬도록 하자."

엄마의 말에 현석의 가족은 짐을 챙겼다. 그리고 축 처진 어깨로 공항을 빠져 나와 택시를 탔다.

이상한 아이

"어서 먹자. 뱃가죽이 등가죽에 붙은 거 같다."

현석의 가족은 공항 근처에 있는 민박집에 짐을 풀었다. 방에 들어가자마자 공항에서 사 온 도시락을 꺼냈다. 짐을 풀기 귀찮아서 젓가락과 숟가락, 물수건과 휴지, 물컵까지 모두 일회용품을 사용했다. 너무 배가 고팠던 터라 현석의 가족은 말 한마디 하지 않고 허겁지겁 도시락을 입에 밀어 넣기 바빴다.

어떤 아이가 문밖에서 고개를 내민 채 그런 현석의 가족을 바라보고 있었다. 아이는 얼굴이 새카맣게 탔고, 두 눈은 반짝거렸다. 초등학교 2학년 정도 돼 보였다.

"너도 먹고 싶어? 이거 줄까?"

현석의 엄마가 소시지를 내밀자 아이는 고개를 저었다.

식사가 끝나고 현석의 가족은 비닐봉지에 쓰레기를 담았다. 배낭에 있던 쓰레기까지 꺼내 담자 검은 비닐봉지 네 개가 쓰레기로 가득 찼다. 한 끼 먹은 것치고는 쓰레기가 너무 많았다. 쓰레기를 방 문밖에 내놓고 현석의 가족은 방바닥에 드러누웠다.

"휴, 이제 좀 살 것 같네."

"그런데 날씨가 왜 이럴까? 기후가 완전히 이상해졌어."

"비가 한 번 왔다 하면 폭우야. 눈이 오면 폭설이고, 바람 불면 태풍이야. 태풍도 보통 태풍이 아니라, 슈퍼 태풍이야. 봄에는 추웠다가 더웠다가 종잡을 수가 없더니. 이제 봄과 가을은 사라지고, 여름하고 겨울만 남으려나 봐."

"엄마 아빠가 어렸을 때에는 날씨가 이렇지 않았어요?"

"그래. 엄마가 어렸을 때에는 봄, 여름, 가을, 겨울이 뚜렷했지. 이런 폭우도 없었어. 올해 폭우가 백 년 만에 내린 폭우라니까 너희 할머니도 못 겪어 본 폭우야."

"어쩐지 억울해요."

현석이가 말했다.

"왜?"

"여름 방학인데 신나게 놀지도 못하고……. 방학 시작하면서 지금까지 한 달 내내 비가 왔다니까요. 날씨가 왜 이렇게 변했을까요?"

현석이의 질문에 엄마 아빠는 말문을 잃었다.

"그것도 몰라요?"

방문 밖에서 누군가 말했다.

현석의 가족은 방문 밖을 바라봤다. 아까 그 아이가 아직도 그 자리에 앉아 있었다.

"너, 여태 거기 있었어?"

아빠가 물었다. 아이는 아빠의 질문에 대답하지 않고, 기분이 상한 얼굴로 현석의 가족을 노려봤다.

"기후가 이렇게 나빠진 게 누구 때문인지 몰라요? 바로 아저씨네 가족 같은 사람들 때문이에요."

"우리 가족 때문이라니? 우리가 날씨가 나빠지라고 하늘에 기도라도 했어?"

현석이가 어이없다는 표정으로 물었다. 아이는 쓰레기가 든 검은 비닐 봉투를 들고 흔들면서 말했다.

"이거 보면 몰라? 이런 게 기후를 나쁘게 만드는 거야. 다 형네 가족 같은 사람들이 기후를 나쁘게 만드는 거라고. 형네 가족은 나쁜 사람들이야!"

"나쁜 사람? 너, 누군데 가만히 있는 사람한테 시비를 걸어? 조그만 녀석이 버릇없이 구네."

현석이는 기분이 나빠서 아이를 잡아 꿀밤을 한 대 때려 주고 싶었다.

"쳇! 역시 나쁜 사람은 자기가 나쁜 사람인 줄 모르는구나. 가르쳐 줘도 몰라. 형네 가족 때문에 제주도가 물에 잠기고 있어. 우리 집이 물에 다 잠기면 좋겠어? 형이 책임질 거야?"

현석의 가족은 어안이 벙벙했다.

'제주도가 물에 잠긴다는 건 무슨 소리이고, 기후를 나쁘게 만든 사람이 바로 우리 가족이란 건 무슨 소리일까?'

현석이는 이 아이가 정신이 나간 게 아닐까 생각했다.

믿을 수 없는 사실

"민영아, 손님들한테 그게 무슨 짓이야!"

누군가 대문으로 들어오면서 소리를 질렀다. 우비를 입은 할아버지였다.

"할아버지! 이 아저씨 아줌마들이 이걸 버렸어요. 나쁜 물건을 쓰고는 버렸어요. 이거 보세요."

민영이란 아이는 할아버지를 향해 현석의 가족이 버린 쓰레기를 가리켰다. 할아버지는 민영이 말은 무시한 채 현석의 가족에게 허리를 숙였다.

"제가 이 녀석 할아버지 됩니다. 죄송합니다. 제가 이 민박집 바깥 주인입니다."

"아, 네. 안녕하세요."

현석의 가족은 자리에서 일어나 인사를 했다.

"민영아, 넌 이거 할머니 갖다 드려."

할아버지는 생선이 든 장바구니를 내밀었다. 민영이는 입술을 삐죽거리면서 집 안으로 들어갔다. 할아버지는 고개를 숙이며 다시 한 번 사과했다.

"놀라셨지요? 저희 민영이가 지난해에 충격적인 일을 겪은 후로 좀 달라졌어요."

"민영이 말로는 제주도가 물에 잠긴대요. 우리가 제주도를 물에 잠기게 만드는 사람이라는데 그게 무슨 소리예요? 혹시 민영이 머리가 빙글?"

현석이는 자기 머리에 손가락을 대고 동그라미를 그려 보였다.

"현석아!"

엄마가 옆에서 옆구리를 쿡 찌르며 주의를 줬다. 할아버지는 살짝 웃으면서 고개를 저었다.

"아니란다. 민영이가 한 말도 다 맞는 말이고."

"그럼 제주도가 물에 잠긴다는 게 사실이에요?"

할아버지는 고개를 끄덕였다.

"우리가 제주도를 물에 잠기게 만들고, 날씨를 나쁘게 만드는 사람이라는 것도 사실이고요?"

할아버지는 방긋 웃으며 또 한 번 고개를 끄덕였다. 현석이와 현석이 엄마 아빠는 눈을 동그랗게 뜬 채 서로 바라봤다.

"자세한 건 이따가 얘기하자꾸나. 저녁 식사 같이 하시지요. 매운탕을 끓여 놓겠습니다."

할아버지는 그렇게 말하고 집 안으로 들어갔다.

우르릉 쾅.

천둥이 울리며 비는 그치지 않고 계속 내렸다.

그날 저녁, 현석의 가족은 마루에 펴놓은 밥상에 둘러앉았다. 민영이의 할아버지와 할머니, 민영의 아빠 그리고 현석의 가족까지 모두 일곱 명이 둥그렇게 모여 앉았다.

"입맛에 맞을는지 모르겠어요."

할머니가 말했다.

"얼큰해서 정말 맛있는걸요. 입에 짝짝 붙습니다. 저희 어머니가 해 주신 것 같아요."

아빠와 엄마는 김이 모락모락 나는 밥을 신나게 입에 넣으며 말했다. 현석이도 생선구이와 찌개를 반찬으로 맛있게 밥을 먹었다. 온 가족이 즐겁게 떠들었지만, 민영이만 표정이 좋지 않았다. 민영이는 여전히 현석의 가족을 경계하는 눈길로 바라보며 꾸역꾸역 입에 밥을 밀어 넣었다.

"그런데 민영아, 너희 엄마는 어디 가셨어?"

현석이가 입안 가득 밥을 우물거리며 물었다. 갑자기 분위기가 조용해졌다.

"치, 알 필요 없어!"

민영이는 수저를 탁, 소리를 내며 식탁에 놓고는 방 안으로 들어가 버렸다. 쾅, 하는 소리가 들렸다. 현석이는 뭘 잘못했는지 몰라 어른들의 눈치를 봤다.

"현석아, 네가 이해해라. 민영이가 힘들어서 그래."

그동안 말이 없던 민영이네 아빠가 현석이의 어깨를 살짝 두드려 줬다.

슬픈 오해

저녁상을 물리고 현석이네 가족과 민영이네 아빠만 남았다. 할아버지와 할머니는 주무신다며 일찍 들어가셨다. 현석이는 아까부터 궁금했던 얘기를 꺼냈다. 가시처럼 내내 목에 걸려 있던 말이었다.

"제주도가 물에 잠긴다는 게 사실이에요? 우리가 제주도를 물에 잠기게 만들고, 날씨를 나쁘게 만드는 사람이라는 것도 사실이고요?"

"누가 그러던?"

민영이 아빠가 물었다.

"민영이도 그러고, 민영이 할아버지도 그러셨고……."

"그랬구나. 그렇게 말할 수도 있지. 현석이 가족만 나쁜 사람이 아니라, 우리 모두 나쁜 사람이지."

현석의 가족은 민영의 아빠를 바라봤다. 왠지 깊은 뜻이 있는 말 같았다.

"지금 우리나라에 이런 기상 이변이 일어나는 건 지구 온난화가 원인이지요."

"지구 온나라요?"

허허, 하고 민영의 아빠가 웃으시고는 "지구 온난화."라고 다시 말했다.

"지구 온난화는 지구가 점점 뜨거워지고 있는 현상이야. 지구를 감싸고 있는 대기에 온실가스가 많아지면서 지구의 온도가 올라가고 있지."

"아! 북극과 남극의 얼음이 녹고, 북극곰이 점점 죽어가는 거지요? 들어 본 적 있어요. 어떤 섬은 점점 물에 가라앉아서 사라지고 있다고 하던데……."

현석이는 학교에서 본 환경 다큐멘터리를 떠올렸다.

"그래. 제대로 알고 있구나. 그런데 사람들은 지구 온난화로 인한 피해를 잘 실감하지 못하고 있어. 우리나라가 아니라 아주 먼 외국에서 벌어진 일로 알고 있기 때문이지."

"그렇다면 제주도가 물에 잠기고 있다는 게 사실인가요?"

궁금해서 못 참겠다는 듯 현석이네 아빠가 물었다. 민영이 아빠는 고개를 끄덕이며 책장에서 책 한 권을 가져왔다.

"이건 얼마 전에 나온 제주 환경 조사서입니다. 이 사진을 보세요."

"이건 제주도 용머리를 찍은 사진입니다. 이전 사진과 비교해보면 해수면이 얼마나 높이 올라왔는지 알 수 있지요. 제주도는 바닷물이 점점 육지로 올라오고 있어요."

"이렇게나 많이요?"

현석의 가족은 놀라서 입을 다물지 못했다.

"지구 온난화로 북극과 남극의 빙하들이 녹으니까 해수면이 올라가는 거지요. 우리나라의 해수면은 다른 나라에 비해 더 빨리 올라가고 있습니다. 우리나라의 해수면은 세계 평균보다 2배나 더 빨리 올라간다고 해요."

"아무리 해수면이 올라간다고 제주도가 물에 잠길 리가 있겠어요?"

엄마가 믿을 수 없다는 표정으로 물었다.

"지금 당장에 물에 잠기지는 않지요. 하지만 이런 추세라면 2080년이 되면 해수면이 무려 70㎝가 올라간다고 해요. 한라산과 고지대를 제외하고는 거의 다 물에 잠긴다고 봐야 합니다. 한반도 땅도 마찬가지입니다. 서해와 남해안 지역 대부분이 물에 잠길 지도 몰라요."

"네?"

"어머나!"

현석의 가족은 놀라서 소리를 질렀다.

"물에 잠기기만 하는 게 아닙니다. 한반도의 기후가 완전히 변하고 있습니다. 지금 제주도 바다에 가면 물컹물컹한 해파리들로 가득합니다. 바닷물이 따뜻해지면서 우리나라에 없던 해파리들이 나타난 것입니다. 어부들의 그물에 잡혀 올라오는 건 해산물이 아니라, 죽은 조개껍데기와 불가사리, 해파리입니다."

"저도 방송에서 본 적이 있습니다만, 이렇게 심각할 줄은 몰랐습니다."

현석의 아빠가 말했다.

"제주도의 기후도 많이 변하고, 조류도 많이 변하고, 생태 환경도 많이 변했습니다. 지금 제주도 전체가 변해 버렸지요. 지난해 여름에도 제주도에 큰 태풍이 왔습니다."

"아, 맞아요. 엄청난 피해를 준 태풍이었어요."

"그때 민영이 엄마가 사고로 목숨을 잃었습니다."

민영의 아빠가 말했다.

우르릉 쾅.

하늘에서 또 한 번 무너지는 소리가 울렸다.

민영의 아빠는 잠시 말을 잃고는 긴 한숨을 내쉬었다. 천장을 보며 눈을 깜박거렸다. 콧등이 빨개졌다. 눈물이 흐르는 걸 억지로

참는 듯 보였다.

"민영이는 엄마가 숨진 이유가 지구 온난화 때문이라고 생각합니다. 학교에서 제주도의 기상 이변이 일어난 원인이 지구 온난화 때문이라고 배웠으니까요. 그래서 지구 온난화를 일으키는 환경 오염을 반드시 막겠다는 게 민영이의 생각입니다. 민영이는 커서 환경 운동가가 되겠다고 해요."

"그런데 민영이는 왜 우리 가족에게 제주도를 물에 잠기게 만들고, 날씨를 나쁘게 만든다고 말한 걸까요?"

현석이가 또 물었다.

"아, 그 얘기 말이구나. 아까 민영이한테 들었어. 일회용 쓰레기를 잔뜩 버려서 자기가 혼내 줬다고 하더구나. 나무젓가락이나 비닐봉지, 일회용 종이컵 같은 쓰레기는 지구 환경을 망가뜨리지. 그래서 우리 집은 민영이가 무서워서 아무도 일회용품을 사용하지 못

한단다. 쓰레기도 반드시 분리수거를 해야 하고."

현석이는 그제야 조금 알 것 같았다. 쓰레기 버린 것을 민영이가 지적한 이유도, 그리고 쓰레기 때문에 지구 온난화가 일어나 제주도가 물에 잠긴다고 말한 이유도, 그리고 현석의 가족을 나쁜 사람이라고 공격한 이유도 이제는 다 알 것 같았다.

현석이는 지금까지 민영이를 버릇없는 시골 아이로 오해하고 있었던 거였다. 현석이는 얄미웠던 민영이에게 미안해졌다.

지구를 지키는 녹색 소비자

"민영아, 자니?"

엄마 아빠는 방으로 들어가고, 현석이는 민영이의 방문을 두드렸다.

"누구세요?"

현석이는 민영이 방문을 조심스럽게 열었다. 민영이는 컴퓨터를 하고 있었다.

"아까는 미안했어. 너랑 같이 놀려고 왔어."

현석이는 휴대용 게임기를 꺼냈다. 민영이의 눈이 호기심으로 반짝거렸다.

"진짜 재미있는 게임이 있거든. 내가 가르쳐줄게."

현석이는 게임기의 버튼을 누르면서 악당을 물리치는 모습을 보여 줬다.

"수비대들로 악당을 막는 거야. 이렇게."

"와, 재밌겠다!"

관심 없는 표정을 짓던 민영이가 감탄을 터뜨렸다.

"너도 한번 해볼래?"

"응."

민영이는 금세 게임에 빠져들었다. 둘은 바닥을 뒹굴면서 번갈아 가며 게임을 했다. 현석이와 민영이는 금방 형제처럼 친해졌다.

"어? 형아, 건전지가 다 닳았나 봐. 빨간 불이 들어왔어."

"이럴 줄 알고 내가 새 건전지를 갖고 왔지."

현석이는 주머니에게 건전지를 꺼내 게임기에 넣었다. 그리고 낡은 건전지를 쓰레기통에 휙 던져 넣었다.

"빨리 하자."

현석이가 말했다.

"형!"

민영이의 얼굴이 어두워졌다.

"왜 그래?"

"건전지를 함부로 버리면 안 돼. 저것도 일회용이잖아. 저 건전지에서 환경을 오염시키는 물질이 나온단 말이야."

"어? 어, 그래? 그런 거였어?"

현석이는 당황해서 얼굴이 달아올랐다.

"형이면서 그런 것도 몰라? 건전지는 분리수거를 해서 따로 버려야 한다고."

"아, 맞다! 그래서 우리 아파트 입구에 건전지 분리수거함이 있었구나."

현석이는 이마를 치며 미안한 표정을 지었다.

"형, 녹색 소비자라고 알아?"

"녹색 소비자? 녹색 물건만 사는 소비자야? 아니면 녹색으로 된 소비자야?"

현석이의 질문에 민영이는 답답한 듯 고릴라처럼 가슴을 쾅쾅 쳤다.

"형, 똑똑한 줄 알았는데 그게 아니었네. 녹색 소비자는 환경 오염을 줄이고, 온실가스를 줄이고, 지구를 보호하려는 사람들이야. 보통 소비자는 물건을 살 때 싼 물건, 좋은 물건을 사려고 하잖아. 그런데 녹색 소비자는 달라. 환경 오염을 시키지 않는 물건인지 아닌지 따져 보고 산단 말이야."

민영이는 책장에서 공책 한 권을 꺼내왔다. 종이가 하얀색이 아니라 누런색이었다.

"이 공책은 우리 선생님이 선물로 준 거야. 이 공책은 사람들이 버린 종이로 만든 재생 공책이야."

"그런 공책도 있었어?"

현석이는 민영이의 공책이 무척 특별하게 보였다.

"이거 형 가져."

민영이가 현석이에게 내밀었다.

"정말이야?"

"그리고 한 가지만 약속해줘. 형도 녹색 소비자가 되겠다고. 그래서 제주도가 물에 가라앉지 않도록 열심히 노력하겠다고."

"그래, 그럴게."

현석이는 민영이와 새끼손가락을 걸었다. 둘은 그날 밤 형제처럼 함께 잠자리에 들었다.

이틀 후, 태풍이 거의 지나가고 비행기는 정상 운행을 하기 시작했다. 민영이는 할아버지와 함께 공항까지 나와 현석의 가족을 마중했다.

민영이는 현석이의 손에 편지 한 통을 쥐어 줬다.

"형, 서울 가면 꼭 이메일 보내."

그새 정이 들었는지 민영이의 눈에서 눈물이 볼을 타고 흘렀다. 현석이도 가슴이 울컥해서 민영이를 안아 줬다.

"겨울 방학에 서울로 놀러 와."

민영이는 대답을 못하고 손등으로 눈물을 닦으며 고개를 끄덕였다.

서울로 가는 비행기 안에서 현석이는 창밖을 바라봤다. 제주도가 착한 소처럼 바다 위에 조용히 누워 있었다.

현석이는 민영이의 편지를 읽기 시작했다.

형, 서울 잘 도착했어?
형이랑 헤어진다는 생각을 하니까 벌써 눈물이 나.
형아, 처음부터 너무 화를 내서 미안해. 그런데 나는 사람들이 함부로 버리는 쓰레기를 보면 자꾸 선생님이 해 준 개구리 이야기가 생각이 나. 그래서 그랬던 거야.

개구리를 뜨거운 물에 집어넣으면 깜짝 놀라서 튀어나오잖아. 그런데 처음에 차가운 물에 집어넣었다가 서서히 물을 끓이면 개구리는 물이 뜨거워지는 줄 모른대. 그렇게 튀어나올 생각도 안 하고 서서히 죽어간대.

형아, 난 지구에 사는 사람들이 개구리 같아.

지구가 점점 뜨거워지고 있는데, 그것도 모르고 사람들이 살잖아. 이렇게 뜨거워지다 보면 언젠가는 지구 온난화 때문에 지구에 대재앙이 일어난단 말이야. 지금도 기후가 이상하고, 태풍이 몰려오고, 제주도가 점점 가라앉고 있는데, 사람들은 관심이 없어. 나는 그게 답답해서 견딜 수가 없어.

형아, 지구를 지키는 녹색 수비대가 되는 거야.

그래서 온실가스를 줄이고, 지구 온난화를 막고, 북극곰을 살리고, 한반도를 살리는 거야. 게임에서 함께 했던 것처럼 말이야. 형아, 서울에 가면 꼭 친구들에게 알려 줘. 바다에 가라앉는 제주도를 구해달라고.

형아, 약속할 수 있지?

깊이 읽기

지구 온난화를 막아 주는 녹색 소비

  지구는 대기로 둘러싸여 있어요. 대기는 지구를 둘러싸고 있는 공기층이에요. 대기는 지구를 온실처럼 따뜻하게 감싸주고 있어요. 이것을 '온실 효과'라고 부르지요.

  태양에서 빛 에너지가 오면 대기를 지나 지구 표면에 닿아요. 이때 대기는 태양에서 온 열의 일부는 반사시키고, 일부는 흡수를 해요. 그러다가 지구의 온도가 떨어지면 대기는 열을 내보내 지구를 따뜻하게 하지요. 대기가 없다면 지구의 온도가 급격히 떨어져서 지구의 모든 생명은 당장 멸종할 수밖에 없어요.

  그런데 지금 지구는 점점 뜨거워지고 있어요. 바로 '지구 온난화' 때문이지요. 대기 속에는 온실가스라는 것이 있어요. 이산화 탄소, 메탄, 이산화 질소, 염화플루오르화탄소 등과 같은 기체들이 있지요. 이 가스들은 지구에서 지구 밖으로 열에너지를 빠져나가지 못하게 잡고 있기 때문에 온실가스라고 부르지요.

지구를 뜨겁게 하는 것, 즉 지구 온난화를 일으키는 건 바로 이 온실가스 때문이에요. 대기 속에 온실가스가 너무 많아지고 있기 때문이지요. 지구의 열에너지가 우주로 빠져나가지 못해서 지구가 뜨거워지는 거지요.

지구의 대기에서 온실가스가 차지하는 부분은 아주 작아요. 전체 대기 중에서 1%에 불과해요. 대기의 99%는 온실가스가 아닌 질소와 산소가 차지하고, 1%는 온실가스인 이산화 탄소, 수증기, 메탄 등이 차지하지요.

온실가스를 줄여야만 지구 온난화를 막을 수가 있어요. 온실가스를 줄이는 방법 가운데 하나가 바로 녹색 소비를 하는 것입니다.

녹색 소비자란 무엇일까요?

　녹색 소비자란, 제품을 만들고 사용할 때까지 온실가스를 줄이려는 노력을 하는 사람이에요. 보통 소비자는 물건을 살 때 값이나 품질, 영양가를 따지지만, 녹색 소비자는 쓰레기가 적게 나오는지, 재활용은 할 수 있는지, 화석 연료를 적게 사용해서 만든 제품인지 등을 따져서 물건을 사요.
　녹색 소비자들은 가까운 곳에서 생산한 싱싱하고 안전한 친환경 유기농 식품이나 재활용을 할 수 있도록 플라스틱과 종이가 잘 분리될 수 있게 만든 제품, 재활용으로 만들어진 재생 제품, 탄소 성적 표시 상품, 에너지 소비 효율이 높은 제품 등을 선택하지요.

탄소 성적 표시 상품이란 무엇일까요?

　온실가스를 줄이려고 제품마다 탄소 성적표라는 것을 붙여요. 탄소 성적표란, 제품에 탄소 발자국을 표시해서 제품을 만들 때 발생하는 온실가스의 총량을 나타낸 거지요.

　'저탄소 상품 인증'이란 표시도 있어요. 이건 온실가스를 적게 발생시킨 제품이라는 것을 국가에서 인정한 제품이란 뜻이지요. 녹색 소비자가 되려면 이런 표시가 된 제품을 골라 사야 해요.

환경 마크, GR 마크 등 마크를 보고 구입해요

친환경 제품은 자원과 에너지를 적게 사용한 제품이에요. 친환경 제품은 사람의 몸에 안전하고, 나중에 재활용을 할 수 있어야 해요.

소비자들이 친환경 제품을 알아보기 쉽게 하기 위해 나라나 공인된 기관에서는 인증 마크를 붙이지요.

환경 마크는 만드는 과정에서 환경을 덜 오염시킨 제품이란 뜻이고, GR 마크는 자원을 재활용해서 만들었으며 품질이 우수한 제품이란 걸 인증했다는 뜻이에요. 에너지 소비 효율 등급은 제품의 에너지 효율을 알려 주는데 1등급이 가장 에너지를 적게 쓰는 우수한 제품이란 뜻이에요. 친환경 농산물 인증 마크는 농약을 사용하지 않거나 덜 사용한 농산물에 붙이는 마크지요.

에너지 소비 효율이 높은 제품을 사용해요

전자 제품을 살펴보면 에너지 소비 효율 등급이란 마크가 붙어 있어요. 에너지를 덜 쓰는 제품을 에너지 소비 효율이 높은 제품이라고 해요. 녹색 소비자라면 1등급 제품을 사용해야 해요. 1등급 제품을 사용하면 5등급보다 무려 30~40% 에너지를 아낄 수 있어요.

석유로 만든 제품을 아껴 써요

 석유는 화석 연료예요. 석유를 연료로 사용할 때는 온실가스가 많이 나오지요. 연료 말고도 우리 주변에는 석유로 만든 제품이 정말 많아요. 거의 대부분의 물건이 석유로 만들어진다고 봐야 할 정도지요. 장난감, 옷걸이, 전자 제품, 옷, 그릇을 비롯해 자동차 타이어, 지우개, 합성 세제에 이르기까지 석유를 쓰지 않는 제품은 거의 없어요. 이런 제품들을 공장에서 만들어 낼 때 화석 연료를 써서 이산화 탄소가 많이 나오고, 다 쓰고 버리면 그 쓰레기를 처리하려고 화석 연료를 또 쓰게 되지요. 녹색 소비자라면 석유로 만든 제품을 아껴 써야 해요.

물을 아껴 써요

 물을 아끼는 것과 지구 온난화와 무슨 관계가 있을까, 하고 궁금해 하는 친구들이 있을 거예요. 깨끗한 물을 만들려면 많은 자원과 에너지를 사용해야 해요. 그래서 깨끗한 물을 만들기 위해 많은 온실가스를 발생시킬 수밖에 없지요. 따라서 물을 아낀다면 그만큼 온실가스를 줄일 수 있지요.

 예를 들어 샤워할 때 1분을 줄이면 그만큼 이산화 탄소를 줄일 수 있어요. 양치질할 때와 샤워할 때 물을 계속 틀어놓지 않으면 온실가스를 줄일 수 있지요. 세수할 때에는 필요한 양만큼 세면대에 물을 받아서 쓰고, 양치질 할 때에는 컵에 물을 받아서 쓰도록 해요. 변기 탱크에 벽돌이나 모래를 넣은 페트병을 넣어 두면 변기 물을 내릴 때마다 물을 아낄 수 있지요.

고기를 줄여요

　녹색 소비자가 되려면 고기를 덜 먹고 채소를 많이 먹어야 해요. 고기 먹는 것이 지구 온난화와 무슨 상관이냐고요?

　지금 사람들이 고기를 너무 많이 먹어서 지구 온난화가 심해지고 있어요. 지구에서 키우는 가축 수는 600억 마리나 돼요. 2021년 기준 지구 인구가 78억 정도니까 사람보다 훨씬 많은 가축을 단지 고기를 먹기 위해 키우는 거예요. 가축들에게 먹일 물과 곡식을 만들려고 엄청나게 많은 온실가스를 생산하고 있지요. 또 가축을 키우려고 사람들은 나무를 베고 숲을 없애서 농장을 만들고 있어요. 나무가 사라지고 숲이 사라지면 온실가스는 더 많아질 수밖에 없어요.

2 동물 실험

화장 마녀의 화장대

화장 마녀

"예쁘고 멋져 보이고 싶은 것은 인간의 당연한 욕심. 한 조사에 따르면 화장을 하면 열 배는 더 예쁘고 멋져 보인다고 한다."

이모 방에 놓인 잡지를 읽던 나는 피식 코웃음을 쳤어요.

'열 배가 다 뭐야. 이모는 화장만 하면 완전 딴 사람이 되던걸. 오죽하면 할머니도 못 알아볼까. 킥킥.'

나는 속으로 이렇게 생각하며 잡지를 넘겼지요.

그 다음 장에는 새로 나온 화장품들이 소개되어 있었어요. 어떤 화장품에 별표가 되어 있고, 밑줄도 그어져 있는 걸 보니 이모가 새로 사려는 화장품이라는 걸 알 수 있었지요.

"아르바이트해서 전부 화장품만 산다고 일러바칠까 보다. 그럼 화장 마녀, 할머니한테 무지 혼날 텐데."

이모는 나랑 열세 살밖에 차이가 안 나요. 할머니에게는 늦둥이인 셈이지요. 그래서 우리는 이모와 조카 사이보다는 친구처럼 지내지요.

나는 이모를 화장 마녀라고 불러요. 이모의 화장대 위에는 온갖 신기하고 희한한 화장품이 잔뜩 있거든요. 꼭 마녀의 서랍장 같지요.

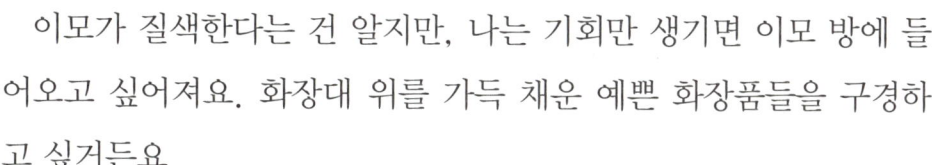

이모가 질색한다는 건 알지만, 나는 기회만 생기면 이모 방에 들어오고 싶어져요. 화장대 위를 가득 채운 예쁜 화장품들을 구경하고 싶거든요.

"너, 또 내 화장품 건드렸지?"

갑자기 귀청이 쨍할 만큼 날카로운 고함 소리가 들려왔어요. 화장 마녀, 아니 이모였지요.

"안 건드렸어. 진짜……."

"이게 얼마짜리 화장품들인데! 아르바이트로 번 돈 다 모아서 산 거란 말이야. 아까워서 눈곱만큼씩 쓰는 걸 푹푹 찍어 바르면 어떡해!"

"화장품은 어차피 쓰려고 사는 거잖아!"

"점빵, 너 진짜 혼날래?"

이모의 말에 나는 기분이 확 상했어요.

'점빵'은 내 별명이에요.

내 오른쪽 눈 밑에 꼭 숫자 0처럼 생긴 까만 점이 있는데, 그걸 보고 친구들이 지은 거예요. 내가 그 별명을 얼마나 싫어하는지 알면서, 일부러 큰 소리로 부르다니요.

나는 버럭 심술이 났어요.

"다신 안 들어오면 될 거 아냐!"

나는 이모의 화장대를 툭 밀치고 밖으로 나갔어요. 그 바람에 화장대 위에 놓인 립스틱이 바닥으로 곤두박질치고 말았어요.

"립스틱 다 망가졌네! 이게 얼마짜린데! 얼마나 벼르고 벼르다가 산 건데!"

이모가 소리를 질렀어요. 고작 립스틱 끝이 뭉개졌을 뿐인데, 이모는 마치 죽을병에 걸린 사람처럼 괴로워했지요.

나는 도망치듯 마당으로 나왔어요.

"그깟 화장품, 같이 좀 쓰면 어디가 덧나나? 안 그래, 토순아?"

토끼장 안에 있던 토순이가 코를 벌름거렸지요. 나는 토끼장에 손을 집어넣었어요. 토순이의 복슬복슬한 털이 손끝에 닿자, 기분이 한결 좋아졌지요.

"토순아, 나도 너처럼 하얗고 눈이 컸으면 좋겠다."

나는 토순이의 얼굴을 빤히 바라보며 중얼거렸어요.

점 빼는 수술을 시켜달라고 졸랐지만, 엄마는 어린 애가 무슨 소리냐면서 들은 척도 안 했어요. 이모가 쌍꺼풀 수술을 시켜 달라고 했을 때는 단번에 허락해 놓고서, 나는 안 된다는 거예요. 엄마가 얼마나 미웠는지 몰라요.

이모 화장품을 바르기 시작한 건 그때부터였어요. 메이크업 베이스를 바르고, 그 위에 파우더를 바르면 얼굴이 깨끗해 보이거든요. 비록 눈속임이기는 하지만 잠깐이라도 점이 없어진다는 게 좋았어요.

"토순아, 난 이다음에 커다랗고 예쁜 화장대를 살 거야. 거울이 세 개나 달려있는 걸로 말야. 거기에 온 세계 화장품들은 다 모아 둬야지. 화장 마녀가 화장품 한 번만 쓰게 해달라고 애원해도 절대로 허락 안 해 줄 거야. 절대로!"

잔인한 동물 실험

"이모, 한 번만 쓰게 해 줘."
"어린 게 무슨 화장이야!"
"살짝 발라 볼게. 사알짝!"
"안 돼. 너 나 없을 때 화장품 함부로 건드렸다간 봐!"

아무리 졸라 봤자 소용없는 줄 알면서 일부러 이모를 따라다니며 '응? 응?' 콧소리를 냈어요. 이모도 내가 점 때문에 화장품을 쓰고 싶어 한다는 걸 잘 알아요. 나라면 조카가 불쌍해서라도 못 이기는 척 들어줄 텐데. 이모는 기어코 방문을 쾅 닫아 버렸지요.

"칫!"

나는 이모 방문 앞을 오락가락하다가 토순이에게 먹이를 주러 나왔어요. 내 발소리를 들은 토순이가 귀를 쫑긋거리며 알은체했지요.

"너밖에 없다, 토순아."

나는 토순이를 향해 씩 웃었어요.

토순이는 우연히 공원에 갔다가 발견한 토끼예요. 엄마 말로는 기르던 사람이 내다 버린 것 같다고 했지요. 나는 엄마를 졸라 토순이를 집으로 데려왔어요.

"대신 조건이 있어. 먹이는 항상 네가 챙겨 줘야 해. 물을 주는 것도, 토끼 똥을 치우는 것도 네 몫이야. 할 수 있겠니?"

엄마는 단호하게 말했지요.

"그럼!"

"예지야, 너한테는 함부로 대답할 수 있는 쉬운 일일지 모르지만, 그게 토끼한테는 목숨이 달린 중요한 일이 될 수 있어. 네가 귀찮아서 먹이나 물 주는 걸 소홀히 하면 토끼는 목숨을 잃을 수도 있으니까."

"그 정도 일은 얼마든지 할 수 있어."

내가 자기를 구해 줬다는 걸 아는지, 토순이는 내 발자국 소리가 나면 귀를 쫑긋거려요. 토끼의 말로 아는 체하는 것 같지요.

토순이에게 배춧잎을 주고 있는데, 이모가 현관문을 열어젖혔어요. 말끔하게 차려 입은 것이 외출을 하려는 모양이었지요.

"점빵, 너! 이모 화장대는 절대로 손대지 마."

이모가 구두를 고쳐 신으며 말했어요.

"알았어."

"이번에도 그랬다간 다 일러 버릴 거야."

"알았다니까!"

나는 대답을 하는 둥 마는 둥하며 딴청을 피웠어요. 이모가 또각또각 구두 소리를 내며 나갔어요. 곧이어 구두 소리가 아득해졌어요. 나는 이때다 하고서 집 안으로 쪼르륵 뛰어 들어갔어요. 그리고 덥석 이모 방의 문고리를 돌려 보았어요.

"뭐야, 잠가 뒀잖아?"

방문은 찰칵 소리만 날 뿐 열리지 않았어요.

나는 소파에 털썩 주저앉았어요. 화장품을 맘껏 쓸 수 있는 기회를 놓쳤다고 생각하니 약이 올랐어요. 나는 빈둥거리다가 무심코 텔레비전 리모컨을 눌렀어요.

순간 "으악!" 하는 비명을 내지르고 말았어요.

눈에 이상한 물질이 잔뜩 묻어 있는 토끼가 '끼익' 하고 소리를 내지르는 장면을 보았거든요. 얼른 텔레비전을 끄려는데 '동물 실험을 통해 화장품이 만들어지고 있다.'라는 자막이 흘러나왔어요.

"화장품?"

나는 한쪽 눈을 감은 채로, 또 한쪽 눈은 반쯤 찡그리고서 텔레비전 화면을 계속 보았어요.

텔레비전에서 나오고 있는 내용은 동물 실험에 대한 것이었어요. 토끼나 원숭이, 개, 고양이 같은 동물들을 이용해 화장품의 안전성을 알아보고 있다는 것이었지요.

"속눈썹을 길어 보이게 하는 마스카라. 이 마스카라의 안전성을 알아보기 위해 토끼에게 어떤 실험이 가해지는지 아십니까?"

앵커의 말과 함께 자료 화면이 나왔어요. 화면 속에서는 토끼의 눈에다 마스카라를 집어넣고 있었지요.

실험은 그뿐만이 아니었어요. 스킨과 로션이 피부에 안전한지 살펴보려고 기니피그의 피부에 일부러 상처를 내서 화장품을 바르는가 하면, 립스틱을 먹어도 안전한지 알아보려고 개에게 억지로 립스틱을 먹이기도 했어요. 화장품 실험을 하느라고 털이 몽땅 뜯긴 고양이가 고통스럽게 죽어 가는 모습도 보였어요.

"세상에…… 왜 저렇게까지 하는 거지?"

나는 갑자기 머리칼이 곤두서고 온몸에 소름이 돋는 것 같았어요.

무책임한 사람들

"토순아!"

나는 마당으로 뛰어나왔어요. 내 목소리를 알아들었는지, 토순이가 코를 벌름거렸지요.

"미안해, 미안해……."

나는 토순이의 등을 어루만지며 계속 미안하다는 말만 되풀이했어요. 토순이를 보기만 해도 아까 보았던 동물 실험이 생각나 뒷머리가 후끈 달아오르고 눈물이 핑 돌아서 울음이 터질 것만 같지 뭐예요.

그때 이모가 돌아왔어요. 이모는 약속이 깨졌다며 투덜투덜거렸어요. 나는 잠자코 앉아만 있었지요.

"얘, 너 왜 그래? 어디 아파?"
이모는 고개를 갸웃거리며 물었어요.
내가 아무 대답도 하지 않자, 이모는 머리를 긁적였어요.
"혹시, 내 화장품 몰래 쓴 거니? 이상하다. 방문을 잠가 뒀을 텐데."
"이제 다시 화장품 같은 거 안 쓸 거야!"
나는 참다못해 소리를 버럭 질렀어요.
"얘가 갑자기 왜 이래?"
"이모, 화장품을 어떻게 만드는지 알아? 우리 토순이 같은 동물로 실험해서 만든대."
"그래? 그게 뭐 어때서."

이모는 대수롭지 않게 대꾸했어요.

"끔찍하지 않아?"

"안전한지 알아보려고 동물 실험을 하는 거 아냐. 동물의 생명도 중요하지만, 사람들한테 해로운지 아닌지 알아보려면 어쩔 수 없는 일이잖아."

"다른 방법도 있을 거 아냐."

내가 따져 묻자, 이모는 복잡하게 뭘 그런 걸 따지고 그러냐며 기지개를 펴더니 집 안으로 들어가 버렸어요.

"이모가 쓰는 화장품이 애꿎은 동물들의 희생으로 만들어졌다고 생각해 봐! 그래도 그런 걸 쓰고 싶어?"

나는 일부러 더 크게 소리쳤어요. 그랬더니 이모가 톡 쏘아붙였지요.

"그런 건 과학자들이 알아서 하겠지. 난 동물 실험으로 만들었든, 그냥 실험으로 만들었든 상관없어. 난 그냥 질 좋은 제품만 쓸 수 있으면 그만이라고."

이모의 말을 토순이가 들을까 봐 걱정이 됐어요.

"토순아, 미안해. 이모 대신 내가 사과할게."

대부분의 사람들이 이모처럼 생각할 거예요. 자기가 쓰는 화장품이 어떤 실험을 통해서 만들어지는지는 관심도 없을 거예요. 무조건 더 좋고, 더 싼 화장품을 쓰고 싶어 하겠지요. 그런 무책임한 마음이 동물들을 더 고통스럽게 죽어 가게 할 것 같아서 견딜 수 없을 만큼 미안했어요.

물방울들의 힘

나는 인터넷에 동물 실험으로 만드는 화장품에 대해 쳐 보았지요.

검색어 : 동물 실험 화장품

그러자 온갖 동영상들이 주르륵 나타났어요. 거기에는 동물 실험을 왜 하는 것인지, 어떤 식의 실험을 주로 하고 있는지가 상세하게 나와 있었어요.

내가 이것저것 자료를 찾아보고 있는데 이모가 들어왔어요.

"얘, 징그럽게 왜 그런 건 보고 그러니?"

이모는 모니터를 힐끔 보더니 소리를 내질렀지요.

나는 일부러 화면을 더 크게 만들었어요.

"봐, 이모. 이렇게 실험해서 화장품을 만든대."

"알았으니까 화면부터 꺼!"

이모는 질색을 했어요.

"봐야 돼."

내가 고집을 피우자, 이모는 팔짱을 끼며 말했어요.

"내가 뭘 어떻게 했으면 좋겠어? 회사마다 찾아다니면서 '제발 동물 실험 하지 말아 주세요!' 하고 빌기라도 해야 돼?"

"인터넷에 찾아보니까, 동물 실험을 하지 않는 회사의 제품도 많대. 그런 걸 써야 한대."

"예지야, 이런 걸 계란으로 바위치기라고 하는 거야. 이모 같은 사람이 화장품 한 개 안 산다고 큰 회사들이 끄떡이나 할 것 같아? 겁먹고 동물 실험을 포기할 것 같아?"

"그래도 모두가 그렇게 한다면 달라질지도 모르잖아."

이모는 무언가 곰곰이 생각하는 표정이었어요. 그때 할머니가 돌아오셨지요.

"예지 말이 맞네."

할머니가 장바구니를 내려놓으며 말씀하셨어요.

"한두 사람의 힘은 약하겠지만, 열 사람, 백 사람, 수많은 사람들의 힘이 모이면 어마어마할 거야. 한두 사람이 동물 실험을 한 제품을 쓰지 않겠다고 하면 콧방귀도 뀌지 않겠지만, 모두가 그런 물건을 쓰지 않겠다고 하면 어쩔 수 없잖아?"

할머니는 내 머리를 한번 쓰다듬더니, 말을 이었어요.

"우리 예지가 마냥 어린 줄만 알았는데 기특한 생각을 했구나. 네 말이 맞아. 동물에게도 생명이 있고, 우리는 그 생명을 존중할 의무가 있지."

할머니의 말에 나는 어깨가 으쓱해졌어요.

레몬 스킨, 복숭아 로션

이모의 화장대에 못 보던 화장품이 새로 놓여 있었어요.

나는 슬쩍 뚜껑을 열어 봤지요.

상큼한 레몬 향이 확 퍼졌어요. 다른 화장품 뚜껑을 열었더니, 이번에는 은은한 복숭아 향기가 났지요.

'다시는 화장품 같은 거 안 바른다고 큰 소리 떵떵 쳤는데…….'

조금 갈등이 됐지만 정말 써 보고 싶었어요. 나는 눈치를 슬쩍 살피다가, 화장품을 발라 봤어요.

'이건 무슨 화장품일까?'

나는 병을 요리조리 살펴보았지만 병에는 설명이 되어 있는 글자 하나 쓰여 있지 않았어요.

그때였어요. 이모가 방문을 벌컥 열었어요.

"아무것도 안 했어."

예지는 얼른 얼굴에다 손을 갖다 댔어요. 화장품 냄새가 날까 봐 조마조마했지요. 그런데 이모는 코를 킁킁거리더니,

"냄새 좋지? 수분도 적당하고, 쓸만한 화장품이지?"

하고 묻는 게 아니겠어요.

나는 눈이 휘둥그레졌어요. 화장품에 손도 못 대게 하는 화장 마녀가 왜 저러나 싶어 살짝 겁이 났지요.

"그거, 이모가 직접 만든 거다?"

"이모가?"

"응. 네가 동물 실험 얘기한 후로 인터넷을 검색하다가 천연 화장품 만들기 카페를 발견했어. 내친김에 직접 만들어 봤는데, 좀 귀찮긴 하지만, 내가 쓰는 화장품을 직접 만드니까 더 깨끗하고 신경 써서 만들게 되더라고."

화장품은 무조건 비싸고 좋은 것만 써야 한다고 우기던 이모가 직접 이런 것을 만들다니! 정말 하늘이 깜짝 놀랄 일이었지요.

"그리고 예지야, 이건 네 선물이야."

"어? 스킨이잖아."

"만드는 김에 네 것도 만들었지."

이모는 이제 동물 실험을 하는 대신 그 비용을 아껴서 더 싸고 질 좋은 제품을 만들려고 노력하는 회사를 선택할 거라고 했어요.

"이모가 어쩐 일이야?"

"기왕 예뻐지려고 쓰는 화장품이잖아. 거기다가 동물을 사랑하는 예쁜 마음으로 쓰면, 배로 예뻐지지 않겠어?"

이모는 자기 화장대 위에 놓인 화장품들 가운데 동물 실험을 통해서 만든 화장품은 과감히 치웠어요. 대신 그 자리에 동물 실험을 하지 않고 다른 방법으로 안전하게 만든 화장품을 올려 뒀지요. 이모가 직접 만든 천연 화장품도 한 자리를 차지하게 됐고요.

그렇게 이모가 화장품을 버리는 것을 보면서 나도 버린 게 하나 있어요. 이모처럼 근사한 화장대를 갖고 싶다는 부러움. 바로 그걸 버렸지요. 왜냐면 나는 이제부터 열렬한 동물 실험 반대주의자가 되기로 했으니까요.

깊이 읽기

동물 실험에 대한 두 가지 입장

　세계 여러 시민 단체들은 화장품을 만들 때 동물 실험을 해서는 안 된다고 주장해요. 동물 실험을 통해 만들어진 화장품은 사지 않겠다고 불매 운동을 하기도 하지요. 하지만 화장품을 만드는 데 동물 실험이 꼭 필요하다고 생각하는 사람도 있어요. 한쪽에서는 동물 실험을 반대하고, 또 한쪽에서는 찬성을 하는 이유가 무엇일까요? 동물 실험에 대한 양쪽의 생각을 들어 보아요.

동물 실험을 찬성하는 입장

　의약품을 만들 때는 반드시 동물들을 이용해서 안전 테스트를 거칩니다. 그런데 의약품만큼 인체와 밀접한 관련이 있는 화장품의 안전성을 테스트할 때 동물 실험 대신 일반적인 실험만 한다면 어떻게 되겠습니까? 만약 안전성에 문제가 있을 경우, 부작용이 생길 경우 그 피해는 어떻게 해야 할까요?

　동물 실험을 통해 죽어가는 동물들의 생명을 생각하면 안타깝고 슬프지만, 사람을 위해 보다 안전한 제품을 만들기 위해서는 동물 실험이 반드시 필요합니다.

동물 실험을 반대하는 입장

　적절한 동물 실험은 경우에 따라 필요합니다. 하지만 동물 실험을 통해 안전성을 확인했다 하더라도 그것만 갖고 사람이 먹거나, 발랐을 때 안전하다고 단정지을 수는 없습니다. 사람과 동물은 세포의 구조 자체가 다르니까요. 동물 실험을 통해 안전성을 검증한 약품들 가운데 사람이 먹어서 똑같은 효과를 얻을 수 있는 것은 50% 미만이라고 합니다. 사람의 세포와 가장 비슷한 돼지, 원숭이 등을 이용해서 실험을 해도 그런데, 토끼나 고양이, 개 같은 동물들을 이용한 실험으로 얼마나 안전성을 확인할 수 있을지 의문입니다. 안전성을 확인할 수도 없는 방법을 굳이 꼭 써야 할까요?

　과거에는 동물 실험을 통해 안전성을 테스트하는 방법밖에 없었지만, 오늘날은 과학 기술의 발달로 여러 가지 방법으로 안전성을 테스트할 수 있게 되었습니다. 굳이 동물 실험을 통해 다른 동물들의 생명을 위협하고, 고통스럽게 죽이는 일이 반복되어서는 안 됩니다.

　우리가 동물 실험을 반대하는 것은 동물 실험을 하지 않고 다른 방법의 테스트를 하자는 것이지, 안전성을 실험하지 않고 제품을 만들자는 이야기가 아닙니다.

화장품 동물 실험을 대체할 수 있는 다른 실험 방법

　지금까지 화장품을 만드는 회사들은 화장품을 발랐을 때 생기는 부작용 여부를 알아내기 위해서 동물들의 몸에다 직접적인 실험을 했습니다. 생명을 존중하는 환경 운동가들과 동물 보호 단체들은 단지 사람의 안전을 위해 죄 없는 동물들을 죽이지 않는 방법을 찾아 노력해 왔습니다. 그리고 인공 피부라는 대체 방법을 만들었지요.

　인공 피부는 단백질을 이용해서 사람의 피부와 똑같은 물질을 만들어 내는 것입니다. 과거에는 이런 방법이 불가능했지만, 오늘날의 과학 기술로는 충분히 가능한 일입니다. 여러 운동가들과 시민 단체들은 화장품 회사에다가 무분별한 동물 실험을 그만두고, 인공 피부로 안전성을 검사해 달라고 부탁했습니다. 나아가 유럽 국가들은 2009년부터 동물 실험을 금지한다는 내용의 법을 발표하기도 했지요. 하지만 이 방법을 받아들이고 있는 화장품 회사의 수는 아직 적습니다. 동물 실험을 대체하는 실험 방법들을 채택하려면 비용이 만만치 않기 때문입니다.

　동물 실험을 계속하는 회사들은 동물로 실험을 하면 더 싸게 실험을 할 수 있는데, 굳이 비싼 돈을 들여 다른 실험을 해야 하는 이유가 무엇이냐고 반문합니다.

동물 실험을 반대하는 운동가들의 노력

동물 실험 금지법은 현재 유럽 일부 국가에서만 발효되어 있어요. 동물 실험 금지법이 발효되지 않은 나라에서는 법적으로 실험을 막을 수 있는 방법이 없지요. 그래서 동물 실험을 반대하는 운동가들은 여러 가지 방법으로 기업들이 자발적으로 동물 실험을 포기하도록 만들고 있습니다.

그 방법 가운데 하나가 환경과 생명을 위한 캠페인을 벌이고, 사람들에게 동물 실험의 잔인함을 알리는 것입니다. 운동가들은 동물 실험을 통해 제품을 만드는 회사의 목록을 사람들에게 공개하기도 합니다.

물론 어떤 회사의 제품을 살 것인지는 소비자의 몫이지요. 운동가들이 이렇게 여러 가지 정보를 공개하는 이유는 소비자들에게 자신이 쓰고자 하는 제품이 어떻게 만들어졌는지를 알려 주고자 하는 것이랍니다.

지옥의 아이들

"바바! 바바! 빨리 눈 떠!"
'누구……지?'
바바는 누군가가 자신의 어깨를 흔드는 것을 느꼈어요. 또 까무룩 잠이 든 모양이에요.
"아, 내가 또 잤구나?"
오늘도 벌써 몇 번째인지 모르겠어요. 요 며칠은 셀 수조차 없을 정도로 자주 몽롱한 잠 속으로 빠져들곤 했어요.
아주 잠깐 동안만 잔 것 같았는데, 바바의 몸은 온통 땀으로 범벅이 되어 있었어요. 바바가 숙였던 고개를 들자 얼굴에 맺혔던 땀방울이 목을 타고 흘러내렸어요. 얼굴과 온몸이 화끈거리는 것 같아 시원하게 세수라도 하고 싶었지만, 그럴 틈이 없었어요. 바바의 옆에는 해가 지기 전까지 꿰매야 할 가죽 조각들이 수북하게 쌓여 있었거든요. 게다가 멀리 있는 화장실은 구역질이 날 정도로 더러워서, 꼭 가야할 일이 아니면 가고 싶지 않은 끔찍한 곳이었어요.

바바는 손등으로 얼굴을 문질러 대충 땀을 닦아 냈어요.

"바바, 자꾸만 졸려?"

바바를 흔들어 깨운 여섯 살짜리 하미드가 바바를 물끄러미 쳐다보며 말했어요. 요 녀석은 네 살이나 더 많은 바바를 늘 친구 대하듯 해요.

"응. 어제도 새벽까지 일했거든."

"우아, 바바 대단하다!"

하미드는 눈이 거의 다 감기도록 밝게 웃고는, 조그만 고개를 숙이고 다시 바느질을 시작했어요. 바늘을 쥔 하미드의 고사리 같은 손은 언제부터인가 짓물러 있었어요. 바바는 안타까웠지만, 그냥 못 본 척할 수밖에 없었어요. 손가락이 짓물러 터지기를 수십 번 반복하면 굳은살이 생길 것이고, 그렇게 손가락에 지문이 없어지고 딱딱해져야 비로소 고통이 없어진다는 걸 알거든요.

바바가 일하고 있는 곳은 축구공을 만드는 공장이에요. 네 살부터 열두서너 살까지 다양한 나이의 어린이 수십 명이 새벽부터 저녁까지 쉬지 않고 가죽 조각을 꿰매 축구공을 만드는 일을 하죠. 고생한 것에 비해 터무니없이 작은 돈을 받지만, 가난한 부모를 둔 아이들이기에 다른 선택을 할 수 없었어요.

축구 선수가 꿈인 바바는, 자신이 만든 공으로 연습을 해서 언젠가는 세계적인 선수가 될 거라는 꿈을 가지고 있어요.

"아! 그럼 오늘 축구 못 해?"

"쉿!"

바바가 재빨리 주위를 살피며 입에 손가락을 갖다 댔어요.

"아얏!"

너무 급한 마음에 미처 바늘을 놓지 못해서 바바는 그만 바늘에 입술을 찔러 버렸어요. 하지만 바바는 가죽 조각에 핏방울이라도 떨어질세라 얼른 입술을 앙다물었어요.

'가죽 조각은 깨끗하고 소중하게 다뤄야 해. 그 축구공은 너희들 목숨보다 더 비싼 거야. 알았냐?'

수천 번은 되풀이한 감독의 말이 또 떠올랐어요.

하미드가 미안한 표정으로 자신의 입술을 쳐다보는 게 느껴졌지만, 바바는 가죽 조각에 눈을 떼지 않고 조용히 말했어요.

"감독이 들으면 어쩌려고 그래?"

"알았어. 조용히 할게."

웅얼거리듯 말하는 하미드의 목소리를 들으며 바바는 축구를 하다 감독한테 들킨 어제 일을 떠올렸어요.

이 공장에서 일하는 아이들 중에서 가장 바느질 솜씨가 좋은 바바는, 다른 아이들이 망친 가죽 조각이나 불량품들을 눈치껏 모아서 축구공 하나를 뚝딱 만들어 내곤 했어요. 물론 탱탱하게 탄력 있는 진짜 축구공과는 비교도 되지 않을 정도로 쭈글쭈글했지만, 그래도 아이들은 '바바공'이라고 부르며 바바가 만든 공을 좋아했어요. 마치 소중한 보물 다루듯 했지요.

어제도 점심을 먹고, 아이들은 풀숲 비밀 장소에 숨겨 두었던 바바공을 꺼내서 공차기를 하고 있었어요. 아이들 모두 제대로 먹지 못해 체격도 작고 비쩍 말라 있었어요. 게다가 어릴 때부터 오랜 시간 쪼그려 앉아 있어 허리가 구부정하게 휘어 있었죠. 뛸 때는 물론이고 걸을 때도 구부정한 자세로 걸었지만, 공을 찰 때만큼은 마치 날아다니는 것처럼 보였어요.

"너희들, 지금 뭐 하는 거야!"

갑자기 고함 소리가 들렸어요. 외출했다가 늦게 온다던 감독이 갑자기 들이닥친 거예요. 아이들은 바바공을 숨길 사이도 없이 무시무시한 얼굴을 한 감독과 마주해야 했어요.

"그게 뭐야? 이리 내!"

감독은 아이들이 주섬주섬 건넨 공을 보더니 불같이 화를 내기 시작했어요. 그 모습은 마치 지옥에 사는 악마 같았죠.

"이 녀석들이 정신 나갔군! 가죽 조각을 빼돌리다니!"

감독은 아이들을 한 줄로 세워 놓고 차례차례 뺨을 때리고, 하루 동안 물과 음식을 주지 않았어요. 맛도 없고 양도 턱없이 부족한 식사였는데, 그마저도 못 먹게 된 거예요. 하지만 무엇보다 큰일은 알리라는 여덟 살짜리 아이에게 일어났어요. 몸이 유난히 약한 알리는 탁한 공장 공기 탓에 폐가 좋지 않아 기침을 달고 살았는데, 감독에게 뺨을 맞고는 기절을 하고 만 거예요.

"알리, 정신 차려!"

아이들이 알리를 흔들어 깨웠지만 좀처럼 깨어나지 않았어요. 알리는 몇 시간 후에 겨우 깨어났지만 오늘 공장에 나오지 못했어요.

공을 만들었다는 이유로 채찍까지 맞은 바바는, 어제의 소동을 떠올리며 몸을 부르르 떨었어요. 걸핏하면 이런저런 말도 안 되는 이유로 매를 맞아 무뎌질 때도 됐다고 생각했는데, 상처에 피고름이 맺힌 바바의 몸은 어제의 고통을 고스란히 기억하고 있었어요.

하미드도 어제 일이 떠올랐는지 감독에게 슬쩍 눈을 흘기고 있었어요. 바바는 그 모습이 귀여워 살짝 웃음을 짓는데, 갑자기 머리가 무거워지는 게 느껴졌어요.

"어……어!"

'쿵!'

바바가 앉은 자세 그대로 꼬꾸라져 버렸어요. 지저분하고 축축한 시멘트 바닥에 누워 바바는 생각했어요.

'내가 왜 이러지…….'

바바는 자신의 몸이 점점 불덩이처럼 뜨거워지고 있는 걸 느꼈어요.

깨어나기 싫은 꿈

바바의 상태는 심각했어요. 눈 한 번 뜨지 못하고 계속 잠만 잤어요. 바바의 몸을 뜨겁게 달군 열은 도무지 떨어질 것 같지 않았어요. 하지만 바바의 집은 약을 살 엄두조차 내지 못하는 형편이라, 바바의 어머니는 물수건으로 바바의 몸을 닦아 내며 그저 열이 떨어지기만을 기다려야 했어요.

종일 누워만 있는 바바의 마음도 편치 않았어요. 가족들의 끼니가 걱정이 되어 견딜 수가 없었거든요.

"어서 제가…… 일을 해야 하는데……."

"걱정 마라, 바바. 이 아빠가 몇 시간 더하면 되지."

"그래. 이참에 좀 쉬렴."

바바의 부모님은 이렇게 말씀하셨지만, 집안 사정이 뻔했기 때문에

바바는 차마 부모님의 눈을 똑바로 볼 수 없었어요. 그러니 부모님께는 자신이 물과 음식도 제대로 먹지 못한 채 쉬지 않고 일을 하고, 채찍으로 맞기까지 했다는 얘기도 할 수 없었어요.

새벽부터 밤늦게까지 쉬지 않고 축구공을 꿰매도 밀가루 빵 하나 살 돈 밖에 받지 못하지만, 그것마저도 하지 않으면 가족들이 끼니를 걸러야 한다는 걸 바바는 잘 알고 있었어요. 자신은 습관이 되어 이제 한두 끼 정도 굶는 것은 참을 수 있었지만, 바바가 더 걱정이 되는 건 한창 클 나이인 동생 울라였어요. 또래보다 훨씬 체격이 작은 울라의 앙상한 몸을 볼 때마다 바바는 속이 상했어요.

바바는 그 후에도 며칠 더 열이 오르락내리락했어요. 열에 들떠 있을 때는 간혹 팔을 휘저으며 헛소리를 하기도 했지만, 잠들어 있는 내내 행복했어요. 꿈속에서 바바는 신나게, 그리고 원 없이 공을 찼거든요.

"와, 내가 만든 공이다!"
바바의 손에는 얼기설기 이어 붙인 바바공이 아닌 제대로 된 축구공이 들려 있었어요. 늘 만들자마자 감독이 낚아채듯 가져가는 바람에 단 한 번도 발로 차거나 제대로 만져 보지도 못했던 공이에요.
"어? 이건!"
바바가 들고 있던 축구공을 다시 한번 살펴보았더니, 바로 다음에 열리는 월드컵의 공인구였어요. 역시 월드컵 공인구답게 멋진 디자인과 날렵함을 뽐내고 있었죠.
"이 공을 유명한 축구 선수들이 찬다, 이 말이지?"
바바는 설렘과 호기심으로 얼굴을 실룩거렸어요.
'톡!'
바바가 발끝으로 공을 차자, 경쾌한 소리가 났어요. 부드러우면서도 통통 튀는 듯한, 마치 공이 바바의 발에 착 달라붙는 느낌이었어요.

3장 바바의 둥근 꿈

그때부터 바바는 공을 한 순간도 몸에서 떼어 놓지 않았어요. 공은 바바의 머리와 가슴, 무릎과 양쪽 발 위를 쉴 새 없이 오가며 부드럽게, 마치 멋진 춤이라도 추는 것처럼 움직였어요.

'통통! 툭툭!'

"와아!"

'휘릭. 슈욱.'

"하하하!"

바바는 공과 함께 감탄하며, 그리고 마음껏 웃어 대며, 그렇게 공과 하나가 되어 갔어요. 태어나서 지금껏 이렇게 행복한 적이 없었어요.

"으아아앙!"

어디선가 울음소리가 들려왔어요. 좀처럼 그치지 않고 이어지는 울음소리에 바바는 힘겹게 눈을 떴어요. 너무나 깨어나기 싫은 꿈이었지만, 이제 현실로 돌아와야만 했죠.

바바의 눈에 허름한 집안 풍경이 들어왔어요. 이미 밤이 된 지 오래였던지, 사방이 온통 짙고 묵직한 어둠에 잠겨 있었어요. 어둠이 금세 눈이 익지는 않았지만, 자신의 집이 틀림없었어요. 바바는 눈을 부릅뜬 채 어둠을 잠시 노려보았어요. 어둠이 눈에 익기 시작하자, 그제야 바로 옆에 앉아있는 동생 울라가 보였어요.

"울라, 왜 그래?"

"오빠, 배고파. 엄마, 아빠 안 와?"

요즘 바바의 부모님은 평소보다 더 늦게까지 일을 하시는 모양이었어요. 하지만 턱없이 작은 돈을 받으시는 탓에 네 식구가 먹을 식량은 늘 부족했어요. 오늘도 한 끼밖에 먹지 못한 울라가 배고픔에 지쳐 울음을 터뜨렸던 거예요.

"곧 오실 거야. 울지 말고 잠깐 기다려 봐. 오빠가 먹을 것 좀 구해 올게."

바바는 후들후들 떨리는 몸을 애써 일으키며 다짐했어요.

'내일은 무슨 일이 있어도 공장에 나갈 거야. 그곳이 지옥이라 하더라도.'

흐려지는 눈으로

바바가 다시 공장에 나왔을 때, 공장 분위기가 어딘지 모르게 달라져 있었어요. 아이들은 숨소리조차 내지 않고, 뭔가를 물으려는 바바의 눈을 피하려고만 했어요. 하루 종일 큰소리로 윽박지르던 악마 같은 감독마저도 오늘은 이상하리만큼 심각한 얼굴로 바쁘게 왔다 갔다 하고 있었어요.

"하미드, 무슨 일 있었니?"

"그게……."

"왜, 설마 알리가?"

바바가 고개를 돌려 알리의 빈자리를 찾아내기 전에, 하미드가 작은 머리를 조용히 끄덕였어요.

"결국, 그랬구나……."

"응."

바바는 한참 동안 멍하니 앉아있을 수밖에 없었어요. 이렇게 어린 나이에 바바의 곁을 떠난 친구들이 도대체 몇 명째인지, 손으로 꼽을 수도 없어요.

하미드는 고통스러운 얼굴을 하고 있는 바바를 걱정스러운 듯 쳐다보았어요. 하지만 바바는 오히려 하미드가 걱정이 되었어요. 이제 겨우 여섯 살인데, 이런 큰일을 감당해내야 한다니……. 하지만 이 지옥 같은 곳에서는 앞으로 그보다 더한 일도 겪어내야 하기에, 마냥 가엾게 여길 수만은 없다는 걸 바바는 잘 알고 있어요.

"바바, 넌 괜찮아?"

바바는 하미드의 머리를 쓰다듬어 주며 말했어요.

"그럼! 나, 튼튼하잖아!"

"이제 아프지 마. 깜짝 놀랐잖아."

"걱정 말라니까. 너도 괜찮은 거지?"

"그럼!"

하미드는 바바에게 두 눈을 찡긋해 보이고는 다시 고개를 숙여 바느질을 시작했어요.

바바는 아직 몸이 무겁고 열도 내리지 않았지만, 그런 건 지금 중요하지 않았어요. 집에서 누워있는 것보다 오히려 마음이 편했으니까요.

바바는 이미 오래 전에 지문마저 없어진 손가락을 부지런히 움직였어요. 천 번이 넘는 바느질이 끝나자, 마술처럼 축구공이 완성되

3장 바바의 둥근 꿈

었어요. 바바는 반지르르하고 매끈한 축구공을 두 손으로 받쳐 들고 한참을 쳐다보았어요.

"정말 멋져!"

바바는 꿈속에서 자신이 공과 함께 춤추듯 뛰어다녔던 장면을 떠올리며 애써 슬픔을 걷어 버리려고 했어요.

그런데 갑자기 바바의 눈앞이 흐려지는 게 느껴졌어요. 바바는 처음엔 눈물이 맺힌 거라고 생각했는데, 눈을 비벼 보아도 그대로였어요. 옆에 놓인 가죽 조각들도, 실뭉치와 바늘이 든 바늘 쌈지도, 옆에 앉은 하미드의 얼굴도 희뿌옇게만 보였어요.

'어? 이상하다. 왜 이러지?'

공장 아이들 대부분은 어릴 때부터 바느질을 하느라 눈이 좋지 않았지만, 바바는 예외였어요. 그래서 바느질 솜씨도 다른 아이들보다 좋았고, 더 많은 공을 만들 수 있었죠. 바바는 그 점을 늘 다행이라고 생각하고 있었어요. 하지만 바바는 크게 앓고 난 후에도 시력을 잃을 수 있다는 사실을 알지 못했어요.

'괜찮아지겠지? 눈병에 걸린 것뿐일 거야.'

하지만 그날 이후로 바바는 하루가 다르게 눈앞이 흐려져 갔어요. 축구공 하나를 완성하는 속도는 점점 느려져 갔기 때문에 매일 감독에게 시달림을 당했어요.

"게으른 놈은 먹을 자격이 없어!"

걸핏하면 음식을 빼앗기기 일쑤였고, 초점을 맞추려고 눈을 부릅뜨면 감독이 오해를 하곤 했어요.

"너, 자꾸 흘겨볼 거야? 얼마나 더 맞아야 정신 차릴래?"

"그게 아니라……."
"어디서 말대꾸야, 어린 것이 건방지게!"
머리끝까지 화가 난 감독의 매질이 더 심해졌어요.

바바는 공포를 느꼈지만, 그렇다고 공장을 나오지 않을 수는 없었어요. 끼니를 거른 채 자기를 기다리고 있을 동생 울라를 떠올리며 이를 악물고 견뎌 냈어요.

'아얏!'

눈앞이 흐려지자 시도 때도 없이 바늘에 손가락이 찔렸지만, 마음 놓고 큰 소리로 비명조차 지르지 못했어요. 감독이 너무 무서웠거든요.

하지만 감독보다 무서운 건 따로 있었어요. 바로 아침에 눈을 뜨는 거예요. 이러다가 갑자기 온 세상이 깜깜해지고 아무것도 보이지 않으면, 그땐 어찌해야 할지 알 수 없었어요. 그렇다고 병원에 갈 수도, 어느 누구를 붙들고 물어볼 수도 없었어요. 부모님은 걱정하실 게 뻔했고, 감독은 보나마나 바바를 쫓아내고 말 거니까요.

그러던 어느 날, 점심 식사를 마친 아이들이 힘없이 앉아 있는 바바에게 몰려왔어요.

"바바, 축구하자!"
"감독 오면 어쩌려고?"

"걱정 마, 내가 하자고 했다고 말할 거야."

"이것 봐. 공 만들었어, 내가."

하미드가 쭈그러진 공을 내밀며 말했어요.

하미드와 공장 아이들은 요즘 들어 슬픈 얼굴로 풀이 잔뜩 죽어 있는 바바를 웃게 하고 싶었어요. 그러려면 축구를 하는 게 최고라는 걸 알고 있었죠.

"자, 간다!"

바바가 먼저 힘껏 공을 찼어요. 아이들은 먼지를 일으키며 공을 쫓아 뛰어갔죠.

"어서 뛰어!"

"하미드! 왜 알을 낳고 그래? 그건 알이 아니라 공이라고!"

"와하하하하!"

아이들은 먼지가 입에 들어오는 것도 상관하지 않고 입을 크게 벌린 채 쉴 새 없이 웃어댔어요. 이상하게도, 흐려지는 바바의 눈에 떼굴떼굴 구르는 축구공만큼은 또렷하게 보였어요. 그래서 바바의 눈이 점점 흐려져도 축구만큼은 자주 할 수 있었고, 바바는 정말 다행이라고 생각했어요.

오늘도 바바는 축구를 해요. 점점 흐려지는 눈으로 희뿌연 둥근 공을 좇아 다니고 있죠. 감독의 호통이나 매질이 두렵지만, 열심히 공을 차다 보면 모든 걱정을 잊을 수 있거든요. 공을 찰 때는 세상에서 가장 멋지고 훌륭한 축구 선수가 된 것 같은 기분이 들었어요. 또 그럴 때면 자신이 초록 잔디가 펼쳐진 축구 경기장에 서 있고, 날아가듯 공을 차는 바바를 응원하는 사람들의 함성이 울려 퍼지는 것 같아요.
"이얏!"
바바가 공을 멋지게 하늘로 차 올렸어요. 온통 땀으로 범벅이 된 바바의 얼굴에는 햇살보다 환한 웃음이 번지고 있었어요. 바바에게는 꼭 이루고 싶은, 아니 꼭 이루고야 말 둥근 꿈이 있기 때문이에요.

세계의 어린이 노동 실태는 어떨까요?

　국제 노동 기구 ILO가 공개한 세계의 어린이 노동 실태는 충격적이에요. 2004년 자료에 따르면 전 세계에서 중노동에 시달리고 있는 17세 이하 어린이는 2억 명이 넘는다고 해요. 전 세계 어린이 8명 중 1명에 해당하는 숫자죠. 그중에는 10세 미만인 어린이들도 많이 있어요. 특히 아시아, 태평양 지역은 어린이 노동이 가장 많은 지역으로 14세 이하 어린이 1억 명 이상이 힘든 노동에 시달리고 있어요. 브라질과 멕시코의 커피 농장에서는 어린이가 전체 일하는 사람의 20% 이상을 차지하는 실정이죠.

　어린이 노동의 원인은 빈곤이에요. 팔려 오거나 납치되어 강제로 일하는 경우도 있지만 대부분 생계를 유지하기 위해 어쩔 수 없이 일을 해요. 일부에서는 부모가 자식을 노예로 팔아넘기는 경우도 있다고 해요.

축구공과 어린이 노동

전 세계 축구공의 대부분은 중국, 파키스탄, 인도, 태국 등 네 나라에서 생산돼요. 기계로 만드는 축구공은 질이 떨어지기 때문에 대부분은 사람의 바느질로 완성되죠. 한 사람이 4~6시간 동안 오각형, 육각형 모양의 가죽 조각을 약 천 번 넘는 바느질로 꿰매 공 한 개를 만들어 내요.

아디다스나 나이키 같은 브랜드에서 축구 용품을 팔아 버는 돈은 천문학적이지만 인도에서 축구공 가죽 조각을 바느질하는 사람이 공 하나를 완성하고 받는 돈은 우리 돈으로 3백 원 남짓이에요. 잔인하게도 축구공은 대부분 어린이들의 고사리손으로 만들어지고 있어요. 게다가 공장에는 아이들을 위한 식수, 의료 시설은 물론 화장실이 없는 곳도 많다고 해요.

초콜릿과 어린이 노동

아프리카 서부에 위치한 코트디부아르는 초콜릿의 원재료인 카카오 생산이 주요 산업이에요. 전 세계 카카오의 절반이 나는 이곳에서는 심각한 아동 노동력 착취가 이루어지고 있죠.

노예 제도는 1849년에 사라졌지만 이곳에서는 아직도 '현대판 노예'로 살아가는 아동들이 지나친 노동으로 인해 고통받고 죽어 가고 있어요. 초콜릿 이면의 진실을 파헤친 책 〈나쁜 초콜릿〉의 저자는 코트디부아르 카카오 농장의 아이들의 현실에 대해 다음과 같이 묘사했어요.

"이들은 굶다시피 하며 밤중에는 자물쇠를 걸어 잠근 합숙소에서 자고 수시로 매를 맞았다. 등과 어깨에는 끔찍한 상처들이 있었다. 이는 무거운 카카오 자루를 옮긴 탓도 있겠지만, 그중 일부는 신체 학대를 받았기 때문이

다. 카카오를 수확하는 아이들은 태어나서 한 번도 초콜릿을 본 적이 없다. 아이들은 아무런 보호 장구도 없이 독성 있는 제초제와 살균제를 뿌리는 장비를 등에 지고 하루에 12시간씩 일했다. 농장주들은 노예 노동은 없다고 부인했지만 학대 행위는 존재한다고 시인했다. 공짜로 일을 시키고 일하다 죽은 아이는 길가에 버려지기도 했다고 한다."

광산에서의 어린이 노동

아프리카 일부 지역 노천 광산에서는 힘없고 아무것도 모르는 어린이들을 데려다 손에 수은을 바르게 하고 사금을 찾는 작업을 시킨다고 해요. 인체에 해로운 수은을 손에 바르는 이유는 사금을 자석처럼 달라붙게 하기 위해서죠.

사금을 캐는 광산에서 어린이들은 처음에는 실습 기간이란 명목 하에 숙식만 제공 받다가, 익숙해지면 하루 10시간씩 작업하고 월급을 받아요. 그런데 이 중에서 숙식비를 제외하면 실제로 받는 임금은 얼마 되지 않아요. 그마저 수은으로 인한 통증 때문에 진통제를 사 먹느라 남는 것이 없다고 해요.

일부 악덕 기업주는 아이들을 모집한 뒤 공장 밖으로 탈출을 못하게 가둔 상태에서 쇳가루 때문에 숨쉬기도 힘든 작업장에서 혹사시키고 있어 이들의 생명은 하루하루 죽음의 문턱으로 가고 있답니다.

어린이 노동, 왜 없어지지 않나요?

　어린이 노동이 사라지지 않는 이유는, 다국적 기업의 횡포 때문이에요. 다국적 기업이란, 세계 각지에 회사를 두고, 전 세계를 대상으로 생산 및 판매 활동을 하는 세계적 규모의 기업을 말해요.

　유럽과 미국의 다국적 기업들은 높은 관세로 제3국이 초콜릿 가공 사업을 할 수 있는 가능성을 막아 놓았어요. 예를 들어 카카오 생산을 하는 코트디부아르가 직접 초콜릿 생산을 하게 되면 다국적 기업들은 심각한 타격을 받게 돼요. 그래서 높은 관세를 물리는 것 말고도 제3국 정부에 압력을 가해서 완제품을 만들려는 시도조차도 못하게 하고 있어요. 더 심각한 것은 극심한 아동 노동력 착취에 대해서도 정부가 묵인하게 만들고 있다는 것이죠.

　국제 시민 단체들이 아동 노동 착취에 대한 고발을 통해 반인륜적인 행위가 중지되도록 국제 사회의 여론에 호소하고 국제법 제정으로 대응하고 있지만, 다국적 기업들은 이러한 감시나 고발에 맞닥뜨리게 되면 현지에 학교를 지어 주고 어려운 이들을 돕는 것을 언론에 보여 주는 등 이미지를 개선하려고만 하죠.

　이러한 다국적 기업의 횡포는 초콜릿뿐 아니라 커피, 면화, 석유, 물 등 다양한 상품에서 벌어지고 있어요. 그러니 이런 구조 속에서 제3세계는 발전할 수 없고, 이 나라들에 사는 아이들은 극심한 가난에서 헤어 나오지 못하고 심각한 노동에 시달리는 악순환이 계속 되풀이되고 있답니다.

어린이를 보호해 주세요!

　어린이 노동을 없애고 어린이들이 행복하게 자랄 수 있도록 많은 사람들이 노력하고 있어요. 민간 단체를 만들어 어린이들을 직업 지원하기도 하고, '세계 아동 노동 반대의 날' 등을 만들어 사람들의 관심을 다시 환기시키기도 하지요.

NGO의 활동

　국제 NGO들은 아동 노동 착취 행위가 당장 중지되도록 국제 사회의 여론에 호소하고 국제법 제정으로 대응하고 있어요. 국제 아동 구호 단체인 '세이브 더 칠드런'도 아이들의 노동 착취 실태를 전 세계에 알리려고 노력하고 있죠. 정부에서 꾸린 수사팀이 농장에서 일하는 아이들의 나이와 하는 일, 노동 시간, 보수가 제때 지급되는지, 일할 때 보호복은 입는지 등을 꼼꼼하게 조사해요. 아이들이 지내는 숙소의 환경과 평소 먹는 음식 등을 확인하기도 해요.

　또, 아이들을 아동 보호 기관으로 보내서 가족 찾기 프로그램을 통해 집으로 돌아갈 수 있도록 하고, 전 세계 사람들이 보내온 후원금으로 어린이들을 돕기도 한답니다.

세계 어린이 노동 반대의 날

　국제 노동 기구 ILO는 2002년부터 6월 12일을 '세계 아동 노동 반대의 날'로 지정하고 세계 80여국에서 아동 노동 폐지를 위한 사업들을 진행하고 있어요.

2011년 세계 아동 노동 반대의 날을 맞아 ILO는 정부, 노동자 조직, 지역 사회에 다음과 같은 사항을 권고했어요.

1. **어린이들이 유해 노동을 하는 것을 막는다** – 일할 수 있는 최소 나이가 될 때까지는 어린이들이 일을 하지 않고 학교에 다닐 수 있도록 한다.
2. **미성년자들을 유해 노동으로부터 보호한다** – 모든 노동자를 위해 안전과 건강을 강화하고, 특히 미성년자들을 위해 구체적인 안전 보장 조치를 마련한다.
3. **올바른 정책 환경을 만든다** – 노동자와 경영자들과 함께 연합하여 유해 아동 노동을 근절하기 위한 정책과 법적 기반을 마련한다.

유엔 아동 권리 협약

유엔 아동 권리 협약은 1989년 11월 20일 유엔 총회에서 채택된 조약으로 아동의 생존과 보호, 발달, 참여의 권리 등 어린이 인권과 관련된 권리를 규정하고 있어요. 우리나라는 1991년 11월 20일 본 협약에 비준함으로써 협약 이행 당사국이 되었어요. 현재 우리나라를 포함한 191개국의 비준을 받음으로써 전 세계적으로 가장 많은 국가의 비준을 받은 국제법이 되었지요. 이 협약은 전문과 총 54개 조항으로 구성되어 있는데, 이 중에서 아동의 권리 내용을 담고 있는 40개 조항이 있어요.

4 공정 무역

살비의 웃음

잠 못 드는 밤

살비는 열세 살 소녀입니다. 한국에서는 초등학생인 나이지만, 인도의 살비는 벌써 어엿한 어른입니다. 올 봄에 남편 샤히드와 결혼을 했거든요.

살비는 마하라슈트라주에 있는 작은 시골 마을로 시집을 왔습니다. 마하라슈트라주는 인도에서 목화 산업이 가장 발달한 지역입니다. 그래서 도시를 벗어나 시골로 오면 여기저기에서 목화 농장을 쉽게 볼 수 있습니다.

살비네 가족은 목화 농장에서 일을 합니다. 목화 농장에서는 여름과 추수기에만 일꾼을 쓰기 때문에 농장 일이 있을 때에는 아이들까지 모두 출동입니다.

원래 남편 샤히드의 집은 목화를 직접 재배했습니다. 작은 목화

밭이었지만 가족들이 함께 일하고 도와줄 수 있어서 행복했습니다. 하지만 살비가 시집오기 이삼 년 전, 남편 샤히드네 목화밭은 동네 제일 부자인 목화 농장 주인에게 팔렸습니다. 목화 가격은 매년 떨어지는데, 비료와 농약 가격은 너무 올라서 빚을 질 수밖에 없었다고 샤히드가 말했습니다. 샤히드네 목화밭은 이제 집 앞에 있는 작은 텃밭 정도밖에 남지 않았습니다.

살비네 마을 사람들은 대부분 목화를 키우는 일을 하기 때문에 목화 일이 줄어드는 겨울이 되면 많은 청년들이 도시로 돈을 벌기 위해 떠납니다. 살비의 남편인 샤히드도 지난겨울에 도시로 나가 아직 돌아오지 않았습니다. 살비는 멋지게 생긴 샤히드가 다시 집으로 돌아오지 않을까 봐 걱정스럽습니다. 하지만 샤히드가 공장에서 받는 월급은 농장에서 두 사람이 일하는 것보다 많습니다. 그래서 무작정 샤히드에게 집으로 돌아오라고 떼를 쓸 수 없습니다. 살비는 샤히드가 보고 싶어도 꾹 참았습니다.

큰길을 따라 목장으로 들어서던 살비는 자신도 모르게 손으로 입을 막았습니다. 공기 속의 역한 냄새가 코를 찔렀습니다.

'오늘 새벽에 약을 뿌렸나 보구나.'

살비는 생각했습니다. 목화씨를 뿌리고 잎이 돋기 시작하면 농장에서는 매일 살충제를 뿌렸습니다. 농약은 보통 새벽이나 밤에 많이 치는데 살비가 일하는 농장은 주로 새벽에 약을 쳤습니다. 약을 뿌린 날은 아침부터 공기가 뿌옇고 냄새 때문에 하루 종일 머리가 아팠습니다.

살비는 눈이 따끔거려서 껌뻑껌뻑 감았다 떠 보지만 나아지지 않았습니다. 오후가 되자 다리가 발갛게 부어오르기 시작했습니다. 하루 종일 목화밭을 헤매고 다니면서 농약 묻은 목화잎이 다리를 스쳤기 때문입니다. 살비는 오늘도 편히 잠들기는 글렀구나 생각하며 한숨을 푹 내쉬었습니다.

농장일이 끝나자 살비는 뛰다시피 걸어 나왔습니다.

"살비, 천천히 가거라. 그러다 넘어지겠다."

시어머니는 어린아이에게 조심시키듯 살비에게 주의를 주었습니다.

"괜찮아요. 얼른 가서 저녁 준비할게요."

살비는 피부가 너무 따가워서 빨리 씻고 싶었습니다. 살비는 서둘러 집으로 뛰어갔습니다.

살비는 벌써 밤이 걱정되기 시작했습니다. 농약을 뿌린 날은 온몸이 발갛게 부어 있고 참기 어려울 만큼 가려웠습니다. 살비는 양쪽 손에 수건을 칭칭 동여맸습니다. 손이 묶여 있으면 가려워도 긁지 못할 테니까요. 살비는 아랫입술을 지그시 깨물었습니다. 팔과

종아리가 너무 가려워 쉽게 잠이 들지 않았습니다. 살비는 가려운 것을 잊기 위해 고향 마을을 떠올렸습니다. 산 위의 양 떼며, 여름까지 녹지 않던 산꼭대기의 눈, 살랑이던 나뭇잎. 살비는 꿈을 꾸었습니다. 살비는 꿈속에서 친구 페트라와 함께 있었습니다.

"살비, 아직도 자수 다 못 끝낸 거야? 또 인형 옷 만들고 있네."

헝겊으로 만든 인형에 남은 천을 둘러 치마를 만들고 있는 살비 옆으로 페트라가 다가왔습니다.

"오늘까지 자수 가방 다 만들어야 한다고 하지 않았니?"

"조금만. 조금만 더 놀고."

할 일은 제쳐 두고 오후 내내 인형 옷 만드느라 낑낑대고 있는 살비를 보며 페트라가 말했습니다.

"너는 인형 옷 만드는 게 그렇게 재밌어?"

"너무 귀엽지 않아? 자수를 이렇게 작게 놓아서 치마를 만들면 얼마나 멋진데."

살비는 페트라에게 치마를 입혀 놓은 인형을 들어 보이며 말했습니다.

"못생긴 인형에 자수 치마를 입혀 봤자 돼지 목에 진주 목걸이지!"

"뭐라고! 내 인형이 그렇게 못생겼단 말이야?"

"어쩜 만든 사람이랑 인형이랑 그렇게 똑같이 생겼냐!"

페트라는 살비의 인형을 콩 쥐어박고는 까르르 웃으며 재빨리 도망쳤습니다.

"페트라. 너 잡히면 가만 안 둬!"
살비는 페트라를 잡으러 열심히 뛰었습니다.

"살비, 일어나야지. 오늘도 늦잠이니?"
살비는 시어머니의 목소리에 깜짝 놀라 벌떡 일어났습니다. 페트라는 사라지고 없었습니다. 살비는 얼른 거울을 찾아서 얼굴을 들여다봤습니다.

'큰일이네. 오늘은 얼굴까지 부어 버렸어.'
살비의 얼굴은 아직도 얼룩덜룩하니 벌겋게 부어 있었습니다. 얼마 전까지만 해도 아침이 되면 부어올랐던 피부도 가라앉고, 다시 예쁜 살비로 돌아갈 수 있었는데…….

이제는 아침이 와도 퉁퉁 부은 빨간 괴물 같았습니다. 손에 묶어 두었던 수건도 어디로 갔는지 보이지 않았습니다. 밤새 또 박박 긁었는지 팔뚝에는 손톱에 패인 상처들이 나 있었습니다.

살비는 사리로 몸을 칭칭 감아 보지만, 몸에 난 상처는 전부 가려지지 않았습니다. 사리는 인도 여자들이 입는 전통 옷입니다. 하나로 된 긴 천인데 속에 치마와 셔츠를 입고 사리를 몸에다 휘휘 감으면 됩니다. 눈만 빼꼼 남긴 채 사리를 두르고 보니 천으로 칭칭 감은 미라처럼 보였습니다. 살비는 오늘 아침 제발 아무도 만나지 않기를 기도했습니다.

롤리타 아주머니를 만나다

고개를 숙이고 걷던 살비는 걸음을 멈추었습니다. 누군가 살비의 앞길을 막아섰기 때문입니다. 살비는 가만히 눈을 들었습니다. 마흔 살이 넘어 보이는 아주머니 한 분이 살비를 쳐다보고 있었습니다. 인도 전통 옷을 입었지만, 어딘지 조금 다른 느낌이 들었습니다. 가만히 보니 바지와 셔츠 위에 짧게 만든 사리를 두르고 있었습니다. 살비는 아주머니의 옷을 보느라 사리가 흘러내리는 것도 모르고 있었습니다. 살비는 어깨 위로 흘러내리는 사리를 추슬러 얼른 얼굴을 감쌌습니다.

"오늘 의료 봉사대가 설치되는 곳이 어딘가요?"

아주머니는 살비를 쳐다보며 물었습니다. 살비는 눈만 보이게 사리를 고쳐 입은 뒤, 조그만 소리로 말했습니다.

"저쪽으로 돌아 가 보세요."
"오른쪽이요, 왼쪽이요?"
아주머니가 살비에게 한 발짝 다가서며 다시 물었습니다.
살비가 팔을 살짝 뻗어 왼쪽을 가리키며,
"저쪽으로 돌아가면 이 층짜리 건물이 있어요. 그 앞이에요."
아주머니는 가볍게 고개를 숙이고는 왼쪽 길을 향해 몸을 돌리려다 살비를 다시 쳐다봤습니다.
"그런데, 팔에 상처가 많이 났네요?"
살비는 얼른 팔을 사리 안으로 집어넣었습니다. 앞서 가던 시어머니가 살비에게로 다가왔습니다.
"무슨 일이니?"
아주머니는 어머니를 보며 고개를 숙이고는 미소를 지으며 말했습니다.
"의료 봉사대 있는 곳을 찾고 있었어요. 그런데 며느님 팔에 상처가 난 것 같아서요."
어머니는 살비의 팔을 들어 살펴보았습니다.
"살비, 언제부터 이런 거야? 왜 말을 하지 않았니?"
"괜찮아요. 며칠 지나면 나아질 거예요."
아주머니가 옆에서 어머니에게 말했습니다.
"괜찮으시다면 제가 며느님을 데리고 가서 치료하고 보낼게요."

어머니는 잠시 머뭇거리더니 살비에게 말했습니다.

"감독관이 뭐라고 하겠지만, 내가 잘 말해 보마."

살비는 부끄러웠지만 그래도 빨리 낫고 싶은 마음에 아주머니를 따라 나섰습니다.

의료 봉사대 앞은 사람들로 북적였습니다. 살비네 마을뿐 아니라, 주변의 여러 마을에서도 치료를 받기 위해 사람들이 모여들었나 봅니다. 아주머니는 살비에게 잠시만 기다리라고 하고는 안으로 들어갔다 나왔습니다.

잠시 후 아주머니는 살비를 안쪽으로 데리고 들어갔습니다. 머리가 희끗한 의사 선생님이 안쪽에서 약품들을 점검하고 있었습니다.

"롤리타, 지난번 가져갔던 약이 벌써 다 동이 난 거예요?"

"이번 봄에 사고가 많았어요. 병원에 못 가는 사람들이 전부 센터로 오는 걸 어떻게 해요."

의사 선생님은 아주머니와 아주 친해 보였습니다. 살비는 롤리타 아주머니의 이름이 귀엽다고 생각했습니다.

살비의 팔을 안쓰러운 눈빛으로 바라보며 롤리타 아주머니는 의사 선생님께 말했습니다.

"닥터 김. 꼬마 숙녀 좀 봐 주세요. 우리 라와르랑 똑같아요."

'라와르라는 아이도 나처럼 피부가 발갛게 됐나 보구나.'

살비는 생각했습니다.

의사 선생님은 살비의 팔과 다리에 난 상처를 꼼꼼히 살펴보았습니다. 살비의 몸이 가렵고 상처가 생긴 것은 화학 약품 때문에 피부에 병이 생겼기 때문이라고 했습니다. 의사 선생님은 농약이 뿌려진 곳 근처에는 가지 않는 게 좋다고 말했습니다. 살비는 속으로 생각했습니다.

'목화 농장에서 일을 하는 한 농약 뿌린 곳을 가지 않을 수 없는 걸요.'

그날 저녁 살비네 집에 손님이 찾아왔습니다. 낮에 보았던 롤리타 아주머니였습니다. 어머니는 낯선 사람이 불쑥 찾아오자 난처한 표정을 지었습니다. 롤리타 아주머니는 살비에게 꼭 필요한 얘기가 있어서 왔으니 잠시만 시간을 내 달라고 간청했습니다.

롤리타 아주머니는 그곳 봉사대 사람들과 함께 인도의 지역 사회를 도와주고 있다고 말했습니다. 롤리타 아주머니는 살비가 더 이상 목화 농장에서 일을 하면 위험해질 수 있다고 말했습니다. 어머니는 롤리타 아주머니에게 물었습니다.

"당신도 의사인가요?"

롤리타 아주머니는 한동안 아무 말 없이 고개를 숙이고 있었습니다. 잠시 후 고개를 들어 살비를 쳐다보았습니다. 살비는 깜짝 놀랐습니다. 롤리타 아주머니의 눈에는 눈물이 가득 고여 금방이라도 쏟아져 내릴 것만 같았습니다. 살비를 바라보는 아주머니의 눈은 꼭 고향에 있는 엄마의 눈처럼 보였습니다. 롤리타 아주머니는 천천히 이야기를 시작했습니다.

"10년 전에는 나도 목화 농장에서 일을 했어요. 다른 집처럼 형편이 넉넉하지 않았기 때문에 온 가족이 목화 농장으로 일을 나가야만 했어요. 그때 딸아이가 9살이었는데 매일 아침 목화 농장에 함께 가곤 했답니다."

롤리타 아주머니의 목소리에는 힘이 없었습니다. 잠시 숨을 몰아쉰 후 롤리타 아주머니가 다시 입을 열었습니다.

"그런데 언제부터인가 아이의 몸에 이상이 생겼어요. 피부가 발갛게 부어오르고 발진이 났어요. 밤새 가려운 곳을 긁어서 피도 났지요. 매일 저녁 힘들어 하는 아이를 다독였어요. 금방 괜찮을 것이라고, 조금만 참자고. 그때 농장 일을 그만두었다면 지금 라와르는……."

롤리타 아주머니는 더는 말을 잇지 못했습니다. 어머니가 슬픈 눈길로 조심스럽게 물었습니다.

"그래서 따님은 어떻게 되었나요?"

롤리타 아주머니는 힘겹게 말했습니다.

"라와르는 앞을 보지 못해요. 그것이 농약 때문이라는 것을 나중에 알았어요. 눈 점막까지 나쁜 영향을 주었기 때문이라고요. 그 일이 있은 후 사람들에게 농약을 쓰지 않고 목화를 재배하는 길을 알리러 다니고 있답니다. 더 이상 라와르 같이 아픈 아이가 나오면 안 되니까요."

롤리타 아주머니는 어머니에게 살비가 농장에 다니지 말아야 한다고 말했습니다. 어머니는 아주머니와 살비를

번갈아 쳐다보다가 한숨을 푹 쉬었습니다.

"나도 살비가 아프지 않았으면 좋겠어요. 하지만 우리 형편에 한 사람이라도 일을 못하게 되면 당장 먹고 사는 것이 힘들어져요."

아주머니는 어머니에게 목화 농장에 가지 않고, 다른 방법으로 목화를 재배할 수 있도록 도와주겠다고 말했습니다. 어머니는 방법은 좋지만, 내일 당장부터 식량이 부족할 것이라고 말했습니다.

"농약을 쓰지 않은 목화를 키우면 정해진 가격에 꼭 구매해 갈게요. 그러니까 걱정하지 마시고 살비에게 목화 재배를 할 수 있게 해 주세요. 많은 양은 아니지만 당분간 생활을 이어갈 수 있는 지원금도 먼저 드릴게요. 무엇보다 살비를 생각해 주세요. 유기농으로 목화를 재배하면 더디고 수확하는 양이 작아도 건강한 목화를 만들어 낼 수 있어요. 살비도 건강해질 거예요."

아주머니는 밤이 늦을 때까지 가족들을 설득했습니다. 어머니는 오랜 고민 끝에 롤리타 아주머니의 제안을 받아들였습니다.

물이 넘쳐난 목화밭

"살비, 목화 꽃이 너무 다닥다닥 피면 꽃이 안 큰단다. 너무 붙어서 핀 꽃은 따 버려야 해."

"어제 조금 따긴 했는데, 더 할까요?"

살비는 롤리타 아주머니를 만난 후 많이 바빠졌습니다. 혼자서 목화를 키워 보는 건 처음인 살비에게 어머니는 좋은 목화 선생님입니다. 어머니는 매일 아침 살비가 무엇을 해야 할지 꼼꼼히 알려 준 후 농장에 갔습니다. 혼자 목화밭을 가꾸는 것이 어려웠지만 몸이 조금 힘들어도 살비는 힘을 냈습니다. 장마 기간만 지나면 목화를 수확할 수 있을 것이라는 기대감에 살비는 피곤한 줄도 몰랐습니다. 겨울이 오면 샤히드에게 이제 그만 집으로 돌아오라고 편지를 써야겠다고 생각했습니다.

장마가 왔습니다. 많은 비가 와서 물이 넘쳐났습니다. 살비네 밭에도 물이 넘쳤습니다. 물이 빠지고 나자 목화밭에 벌레들이 생겼습니다. 목화 농장에서는 매일 벌레를 없애기 위해 농약을 뿌려댔습니다. 어머니는 살비의 목화밭에도 농약을 주어야 한다고 말했습니다.

"농약을 조금만 뿌리면 모를 거야. 안 그러면 벌레가 목화를 다 먹어 버릴 거다. 목화를 많이 따려면 농약을 조금씩 써야 하는 거야."

하지만 살비는 절대 화학 약품을 사용하지 않았습니다. 그것은 살비를 위한 것이기도 했지만 롤리타 아주머니와 한 약속이기도 했습니다. 롤리타 아주머니가 가져다주신 유기농 목화씨를 심어, 다른 화학 약품 없이 목화를 길러 내는 것. 그것이 롤리타 아주머니와 살비가 한 첫 번째 약속이었습니다.

살비는 아주머니와의 약속을 지키고 싶었습니다. 농약을 뿌리지 않은 살비의 목화 꽃은 벌레들이 득실댔고, 줄기도 시들시들해졌습니다. 농장의 목화에 비해 살비의 목화는 모양도 색도 초라해 보였습니다. 멀리 울타리 너머로 보이는 농장의 목화를 볼 때마다 살비는 마음으로 다짐했습니다. '건강한 살비와 몸에 좋은 목화'를 꼭 지켜내겠다고!

살비는 매일 밭으로

나가 벌레도 잡아 주고 잡풀도 뽑아 주었습니다. 힘이 들었지만 살비는 하루도 목화밭 돌보는 일을 쉬지 않았습니다.

우기가 지나고 햇볕 좋은 가을이 왔습니다. 농장의 목화 꽃처럼 탐스럽고 크지는 않았지만, 살비네 목화밭에도 뽀얀 솜털이 달린 목화 꽃망울이 터졌습니다. 살비는 새하얀 목화솜을 정성스럽게 따 모았습니다. 새털처럼 가볍고 엄마 품처럼 포근한 목화솜이 가득 모였습니다.

몇 달 후 롤리타 아주머니는 낯선 사람들과 함께 다시 살비의 집을 방문했습니다. 살비네 목화를 사 갈 사람들이었습니다.

"안녕, 살비! 목화솜이 아주 부드럽구나."

목화를 가지러 온 알리 아저씨는 살비의 목화를 칭찬해 주었습니다. 롤리타 아주머니도 알리 아저씨도 살비의 목화가 살비처럼 건강해 보인다고 말해 주었습니다.

알리 아저씨는 살비가 기른 목화처럼 화학 약품을 쓰지 않은 목화만 가져다가 옷을 만든다고 했습니다. 아저씨가 만든 유기농 옷은 전 세계에 있는 공정 무역 상점에서 팔리고 있다고 말씀하셨습니다.

살비는 롤리타 아주머니에게 고마운 마음을 표현하고 싶었습니다. 살비는 시집오기 전 엄마와 함께 만들었던 예쁜 주머니를 꺼

내 왔습니다.

"롤리타 아주머니, 정말 감사해요. 이젠 몸도 많이 나았어요."

롤리타 아주머니는 살비가 직접 만든 주머니를 보고 감탄했습니다.

"살비, 고마워요. 이 예쁜 주머니는 직접 만든 것인가요?"

아주머니는 알리 아저씨에게도 주머니를 보여 주었습니다.

"살비, 이런 물건이 또 있니? 더 만들 수 있어?"

알리 아저씨는 흥분하셔서 말까지 더듬으면서 물었습니다.

살비는 직접 만든 다른 주머니와 가방, 인형들을 보여 주었습니다. 알리 아저씨는 가방과 인형을 꼼꼼히 살펴보시더니 살비에게 말했습니다.

"살비, 인형하고 가방을 공정 무역 상점에서 팔아 보면 어떨까? 분명히 아이들과 아가씨들이 좋아할 거야. 반응이 좋으면 정식으로 계약해서 살비의 물건을 가져갈게."

살비는 못생기고 희멀건 인형과 가방에 사람들이 관심을 보일 리 없다고 생각했습니다. 친구 페트라가 살비의 인형을 보고 못생겼다고 놀렸던 것이 떠올랐습니다. 살비를 닮았다던 페트라의 말을 기억해 내곤 괜히 부끄러워진 살비는 고개를 푹 숙였습니다. 롤리타 아주머니는 살비의 손을 꼭 잡으며 말했습니다.

"살비! 사람들이 분명히 살비의 가방과 인형을 좋아할 거예요. 목화 농사를 짓지 않을 때, 목화 실을 이용해서 만들면 좋겠네요."

살비는 아주머니의 따뜻한 손길에 갑자기 고향에 있는 엄마가 떠올랐습니다. 분명 엄마가 옆에 있었다면 주눅 들지 말고 열심히 하라고 말했을 것입니다. 살비는 조그맣게 고개를 끄덕였습니다.

얼마 후 알리 아저씨에게서 편지가 왔습니다. 짧고 투박한 말투였지만 알리 아저씨의 따뜻한 마음을 금방 알 수 있었습니다.

살비, 잘 지내니?
네가 만든 가방과 인형이 아주 잘 팔리고 있단다.
앞으로도 계속 가방과 인형을 만들어 줬으면 좋겠구나.
특히 인형 인기가 엄청나구나.
아이들이 인형 이름을 자꾸 물어보는데,
'살비'라고 부르면 어떻겠니?
그럼 답장 기다리마.

살비 인형이 전 세계 친구들에게 알려진다고 생각하니 살비는 가슴이 쿵쾅쿵쾅 뛰었습니다. 살비는 하늘을 보며 '야호' 소리를 질렀습니다.

깊이 읽기

무역이란 무엇일까요?

우리는 필요한 물건을 시장에서 사고팔 수 있어요. 나라 사이에도 필요한 물건을 사거나 팔 수 있는데, 이런 활동을 무역이라고 합니다. 우리나라에서 나지 않는 물건을 다른 나라에서 구할 수 있고 같은 물건을 더 싼 가격에 살 수도 있지요.

자유 무역의 시작

옛날에는 나라에서 무역을 관리했어요. 무역은 주로 나라 사이에서 일어나는 일이었지요. 그런데 유럽에서 산업 혁명이 일어나면서 나라 안에 물건이 넘쳐나게 되었어요. 그러자 나라 안에서 팔고 남는 물건을 다른 나라에 팔기 위해 노력해야 했어요. 학자들도 나라 사이에 자유롭게 거래가 이루어져야 적정한 가격이 만들어진다고 주장했어요. 이렇게 국가가 간섭하지 않고 자유롭게 거래가 이루어지도록 놔두는 것을 자유 무역이라고 불러요. 18세기 이후 나라 간 무역은 자유 무역을 바탕으로 이루어졌다고 할 수 있어요.

자유 무역의 폐해

　좋은 물건을 값싸고 자유롭게 사고팔 수 있게 된 것이 좋은 결과만 가져오지는 않았어요. 자유 무역은 나라의 모든 산업이 안정적으로 발전한 나라에게는 좋은 시장 구조예요. 나라 안에서 만든 물건은 필요한 만큼 쓰고, 나머지는 다른 나라에 팔면 되니까요. 하지만 아시아나 아프리카처럼 아직 산업이 발달하지 못한 나라에게는 오히려 큰 피해를 줄 수 있어요. 힘이 강한 나라가 무역 협상을 할 때 다른 조건을 내세워 자기편에 유리하게 만들 수도 있지요. 그런 식으로 국제 시장에 나온 농산물 가격은 점점 낮아질 수밖에 없어요. 낮은 가격에 물건이 나오면 사람들은 당연히 싼 가격에 물건을 사려고 하니까 말이죠.

　이런 현상은 특히 농, 수산물을 생산하는 1차 산업에서 더 많이 일어나고 있어요. 선진국들은 컴퓨터나 생명 공학, 에너지 등 첨단 산업 분야가 나라의 주요 산업이에요. 하지만 후진국들은 대부분 농산물이나 광물, 수산물이 나라 경제에서 차지하는 비중이 높아요. 그러다보니 후진국들이 더 많은 타격을 받는 경우가 늘어났지요.

공정 무역이란 무엇일까요?

　간섭 없이 자유롭게 물건을 사고팔자는 자유 무역이 전 세계로 널리 퍼졌어요. 하지만 점차 자본을 많이 가진 사람에게만 이득을 가져다주고 저개발국가 노동자나 농부들은 점점 가난해질 수밖에 없었어요. 사람들은 이런 문

제점을 없앨 방법을 고민하게 되었어요.

공정 무역의 시작

공정 무역은 원래 양쪽 나라에서 공정하게 이익을 가져갈 수 있게 거래하자는 거예요. 좀 더 자세히 얘기하면 개발 도상국의 농부나 가난한 노동자들에게 정당한 대가가 돌아갈 수 있는 무역을 하자는 것이지요.

공정 무역은 1946년 미국의 시민 단체가 푸에르토리코의 수공예품을 직접 구매하며 시작되었어요. 지금은 세계 여러 나라가 참여하는 공정 무역 단체가 활동하고 있으며, 직접 물건을 구입하고 판매하는 전문 매장이 세계 각지에 생겨났어요. 개발 도상국에 있는 생산자로부터 직접 물건을 사 와서 소비자들에게 판매하고 있어요.

공정 무역 상품은 다국적 기업에서 파는 물건보다 비싼 편이에요. 하지만 공정 무역을 통해 사고파는 물건의 값은 생산자들에게 정당한 몫만큼 돌아갈 수 있기 때문에 조금 비싸더라도 사람들이 공정 무역 물건을 사는 거예요.

공정 무역의 내용

공정 무역은 개발 도상국의 생산자들을 빈곤에서 구하자는 것이 가장 큰 목적이에요. 그래서 되도록 공정한 가격을 생산자에게 지불하고, 일하는 사람들이 제대로 된 환경에서 생산할 수 있도록 도와주고 있어요. 우선 농사에 필요한 원료를 구입할 수 있도록 미리 비용을 지원하고 지속적인 거래를 통해 안정적인 수입을 가져갈 수 있도록 하고 있어요.

농부나 수공업자들도 공정 무역을 하기 위해 지켜야 할 몇 가지 규칙이 있어요. 농약 등의 화학 비료를 적게 쓰고, 어린이를 강제로 일하게 만드는 등 비인간적인 노동 환경을 만들면 안돼요. 화학 비료를 사용하지 않으면 농부들은 비료를 사기 위해 돈을 들이지 않아도 되고, 소비자들은 화학 비료에 오염되지 않은 좋은 물건을 사용할 수 있어요.

그럼 우리는 공정 무역 상품인지 어떻게 알 수 있을까요? 물건이 만들어질 때부터 우리 손에 올 때까지 모든 과정이 공정한 물건에는 공정 무역 마크가 붙여져요. 이 마크가 붙여진 물건에는 어린이나 약한 사람들의 부당한 노동이 없었으며 만들어질 때 지구 환경에도 나쁜 영향을 미치지 않았다는 것을 의미하는 것이에요. 또 물건을 만든 사람에게 정당한 대가가 돌아갔으며, 물건값도 제때 일찍 받았다는 것을 뜻하기도 해요. 공정 무역은 단순한 경제적 지원을 넘어, 지구의 환경을 보존하고 어린이와 여성 등의 인권을 보호하자는 넓은 차원의 사회 운동이라고 할 수 있어요.

공정 무역은 소비자들이 공정 무역 마크가 붙여진 물건을 구매하면서 완성된다고 할 수 있어요. 아무리 좋은 제품이라도 사람들이 사지 않으면 소용이 없으니까요. 공정 무역은 의식 있는 소비자들의 선택으로 계속될 수 있는 착한 소비의 한 방법이에요.

공정 무역 인증 표시
국제 공정 무역 인증 기구(FLO)에서 정한 공정 무역 기준을 통과한 제품에 부여해 주는 표시예요.

두근두근 해외여행!

인천 공항은 사람들로 북적댔다.

방학이라 그런지 공항에서는 나 같은 어린 아이들을 쉽게 찾아볼 수 있었다. 배낭을 둘러멘 아이들은 하나같이 비행기 타는 것이 익숙해 보였다. 나처럼 처음 비행기를 타는 아이는 없는 것 같았다.

나도 이런 여행이 자연스러운 것처럼 행동하려고 신경을 바짝 곤두세웠다. 신기한 것이 눈에 들어와도 절대로 호들갑 떨지 않았다. 속으로 '침착해야 돼. 침착.' 이렇게 몇 번을 되뇌었는지 모른다.

처음, 이모가 캄보디아에 함께 가자고 했을 때 믿기지가 않았다.

비행기를 타고, 우리나라가 아닌 해외로 나갈 수 있다니! 나는 이모에게 진짜 여행을 데려가 줄 거냐고 몇 번이나 되물었다.

"애가 속고만 살았나. 데려가 준다고 약속하잖아. 대신 조건이 있어."

이모가 말했다.

"뭐든 좋아, 다 지킬게."

"절대 중간에 포기하기 없기야."

"여행을 포기한다고?"

나는 어이가 없었다. 얼마나 가고 싶었던 해외여행인데, 포기라니!

"그래, 집에 가고 싶다고 울고 떼써도 소용없어."

"당연하지! 절대 그럴 일 없어."

나는 목소리를 높여 말했다.

"하지만 똥 누러 갈 적 맘 다르고, 나올 적 맘 다른 게 사람이라잖아. 캄보디아에 가서 집에 돌아가겠다고 울면 어쩔 거야."

"안 그럴 거야. 정말이라니까."

내가 소리쳤지만, 이모는 못 믿겠다는 표정이었다.

"이모, 각서라도 쓸까?"

"각서? 그거 좋다!"

첫째, 나 민예지는 앞으로 이모의 말은 무조건 따르기로 한다.

둘째, 캄보디아 여행 도중 절대 한국으로 돌아가겠다고 떼쓰지 않을 것이다.

셋째, 음식 투정도 하지 않을 것이다.

넷째, 아무것이나 덥석 사지 않는다.

만약, 약속을 지키지 못할 경우 내가 가장 아끼는 MP3 플레이어를 이모에게 넘길 것을 약속한다.

나는 이모가 시키는 대로 각서를 썼다. 엄지손가락에 인주를 묻혀 도장 대신 꾹 찍었다. 이모는 각서를 반듯하게 접어서 주머니에 넣고 말했다.

"출국은 일주일 뒤야. 여권이랑 비자 같은 건 이모가 준비해 올 테니까, 넌 짐이나 잘 챙겨 둬."

이모 말이 떨어지기 무섭게 나는 수지에게 전화를 걸었다.

수지는 작년 겨울 방학 때 필리핀으로 어학연수를 다녀왔다. 겨우 두 달 동안 필리핀에 지냈다고, 수지는 한동안 우리말은 다 잊어버린 애처럼 영어로만 말을 했다. 그리고 나를 볼 때마다 '넌 해외여행 한 번 못 가 봤지?' 하는 표정으로 자랑을 했었다.

"수지니? 너 지난번에 필리핀 갈 때 뭐 챙겨 갔었어? 나도 해외

여행 가거든. 캄보디아로 갈 거야. 가족들 말고, 이모랑. 전에 말했잖아. 환경 운동가로 일하는 우리 이모. 좋긴, 뭐 그냥 가자고 하니까 가는 거지. 넌 캄보디아는 안 가봤지? 거기 물가도 싸고, 볼 곳도 무지 많다던데. 참, 올 때 선물 뭐 사 올까?"

나는 수지한테 자랑하지 않는 척하며, 은근슬쩍 자랑을 쏟아 냈다. 수지 코를 납작하게 해 줬다고 생각하니 '아싸!' 소리가 터져 나왔다.

"시간이 중요한 게 아니야. 비록 일주일이지만 일 년처럼 알차게 놀면 되는 거야!"

나는 가방 안에다가 세면도구를 챙겨 넣고, 수영장에서 입을 옷, 호텔에서 입을 옷, 관광지에서 입을 옷, 놀이공원에서 입을 옷을 구별해서 챙겨 넣고, 거기에다 엄마 선글라스까지 슬쩍 집어넣었다. 또 MP3 플레이어와 디지털카메라도 넣고 서점에서 산 캄보디아 관광 지도도 챙겨 넣었다. 그렇게 짐을 챙겼더니 가방이 한 보따리였다.

"어휴, 너무 많이 챙겼나? 이걸 어떻게 들고 다닌담."

그런데, 그런 걱정은 별 쓸모없는 것이었다. 출발 직전 가방을 살펴 본 이모가 짐이란 짐은 모조리 빼 버렸기 때문이다.

"이런 건 다 짐이 될 거야. 필요한 것만 챙겨 가."

이모는 기껏 준비해 둔 옷들을 빼내고, 대신 서랍에서 낡아 빠진 셔츠 두 벌을 꺼내 넣었다.

"옷은 이렇게 두 벌만 챙겨 가고, 원피스 대신 편한 옷으로 갈아입어."

나는 팔짱을 낀 채 이모를 노려봤다.

"왜 그래? 외국에 가서 예쁘게 입고 다니면 좋잖아."

"불편하기만 할 거야."

"뭐가?"

"가 보면 알아."

이모는 그렇게 대꾸하고서, 선크림과 마스크를 챙겼다.

"운동화로 갈아 신어."

"싫어."

"이모 말 들어."

"이 구두가 좋단 말이야."

"불편할 거야."

이모는 모기약이랑 부채를 챙겨 넣으며 말했다. 이모는 잠시 무엇인가를 생각하는 듯 하더니, 부엌에서 내 수저와 물통을 갖고 왔다.

"뭐가 자꾸 불편하다는 거야? 촌스럽게 숟가락이랑 젓가락은 대체 왜 가져 가? 호텔에 가면 있는 거잖아!"

내가 발끈했지만, 이모는 들은 체 만 체 하고 짐 정리를 다시 했다. 그렇게 해서 가방의 짐은 반의 반으로 줄고 말았다.

"이모!"

"각서 쓴 거 잊었어? 이모 말 안 들을 거면 지금이라도 관둬."

어쩐지 불안한 출발

이렇게 우여곡절 끝에 온 곳이 바로 이곳, 인천 공항이다.

나는 이모 뒤에 바짝 붙어 서서 줄을 기다렸다.

비행기 시간이 되자, 승무원이 나와 표를 확인하기 시작했다. 비행기를 타기 위한 긴 줄이 움직이기 시작한 것이다. 툭툭 심장이 뛰는 소리가 밖까지 들릴까 봐 얼굴이 빨개졌다.

내가 앉은 좌석은 창가 쪽이었다.

나는 어른 손바닥만 한 비행기 창문을 뚫어지게 보았다. 비행기가 서서히 하늘을 향해 움직이는 것이 느껴졌다. 땅이 점점 아득해지더니, 건물들이 성냥갑만 해졌다.

"이모, 오줌 마려우면 어떡해?"

"저기 화장실. 지금 가려고?"

"나중에."

나는 화장실 가는 시간도 아까웠다. 창가에 볼을 바짝 붙인 채, 비행기 위에서 바라보는 세상을 하나라도 더 구경하려고 애썼다. 얼마나 창문을 봤던 걸까. 고개를 흘깃 돌리니 이모가 이어폰으로 오디오를 듣고 있었다. 모니터에서는 영화 같은 것이 흘러나오고 있었다.

이모는 환경 운동가다. 이모가 일하는 단체는 환경 보호에 관심을 가진 사람들이 모인 곳이란다. 이모는 언젠가 방송에도 나온 적이 있다. 이모와 동료들이 핵 발전소 건설을 반대하는 시위를 했는데, 그 모습이 텔레비전 방송에 나온 것이다.

"저게 뭐하는 짓이야. 저 불볕 더위 속에서 한 시간이 넘게 우산을 들고 서 있다니. 저런다고 누가 돈을 주나, 밥을 주나."

"우리 예지 같은 아이들이 건강한 환경에서 살 수 있도록 하려고 그런 거잖아."

엄마는 그 모습을 보고 혀를 끌끌 찼지만, 이모는 자기 행동을 아주 자랑스러워했다. 나는 속으로 늘 당당한 이모가 멋지다고 생각했었다.

"이모, 우리가 묵을 호텔 이름이 뭐야?"

내가 말을 걸자, 이모가 이어폰을 빼더니 되물었다.

"뭐라고? 못 들었어."

"호텔 이름이 뭐냐고."

"무슨 호텔?"

"캄보디아에 도착하면 호텔로 가는 거 아냐?"

"뭐 생각하기 나름이긴 하지. 거기도 호텔이라고 생각하면 제법 근사할 거야."

이모는 이렇게 대꾸하더니, 다시 이어폰을 꼈다.

'생각하기 나름이라고?'

어쩐지 가슴 한쪽이 싸해지는 것이, 불안하기 그지없었다.

엉망진창 여행지

내 불안은 공항에 도착하고부터 현실이 됐다.

공항 밖으로 나온 이모는 공항 앞에 잔뜩 늘어선 택시 대신 한참을 걸어 버스에 올라탔다. 사람이 북적대는 버스는 꼭 닭장처럼 좁고 답답했다. 후텁지근한 날씨에, 에어컨도 나오지 않는 버스를 갈아타기만 다섯 번. 그렇게 이모와 내가 세 시간 만에 도착한 곳은 '반띠아이 츠마'라는 곳이었다.

"여기가 우리가 앞으로 지낼 곳이야."
이모가 팔을 벌리며 자랑스럽게 말했다.

순간, 나는 눈을 의심하지 않을 수 없었다.
반띠아이 츠마라는 곳은 시골 할머니 집과는 비교도 할 수 없을 정도로 외진 곳이었기 때문이다. 사방에는 논밖에 없었다. 높은 건물도 없고, 넓은 도로도 없고……. 그저 보이는 것이라고는 누런 흙과 낡은 건물 몇 채, 그리고 황량한 들판이 전부였다.
"마을까지 걸어서 30분이면 되겠다."
이모가 지도를 펼치며 중얼거렸다.
'여기서 30분을 더 걷는다고? 버스 때문에 멀미 나 죽겠는데.'
나는 "집에 가고 싶어!"라는 말이 목구멍까지 치밀었다. 하지만 이모가 받아 둔 각서가 생각이 났다.
"이모, 설마 여기서 일주일을 다 보내려는 건 아니지?"
"설마라니! 캄보디아 농촌 체험이 쉽게 오는 기회겠니?"
이모가 들뜬 듯 소리를 내질렀다.
나는 머리가 아파왔다.
그나마 위안 삼을 것이 있다면 새로 산 구두를 진흙에 더럽히지 않아도 된다는 것. 새로 산 원피스가 먼지투성이가 되지 않을 수 있다는 것. 이모 말대로 편한 옷으로 갈아입고 오기를 잘했다 싶긴 했다.

땀 냄새 나는 소녀, 타오

삼십 분 정도를 걸어서 도착한 곳은 작은 농촌 마을이었다.

캄보디아의 농촌 마을은 특별할 것만 같았는데. 막상 와서 보니 뜰에 오리나 닭을 풀어놓고 키운다는 점, 길가를 지나다니는 소들 때문에 소똥 냄새가 진동한다는 점 말고는 특별할 것도 없었다. 집집마다 집 지키는 개가 한두 마리씩 있는 것은 한국 농촌 마을과 비슷했다.

"타오!"

이모가 문 앞에서 누군가를 불렀다.

그러자 아주 앳된 얼굴의 소녀가 문을 열고 나왔다.

"아녕, 곽 선새님? 오랜만이에요."

타오라는 소녀가 서툰 한국말을 건넸다.

"타오, 한국말 연습 아주 많이 했구나! 엄청 늘었네?"

이모는 소녀를 와락 껴안으며 소리쳤다. 나는 꿰다 놓은 보릿자루처럼 시큰둥한 얼굴로 서 있었다.

"팍 선새님, 누구?"

타오가 나를 향해 눈웃음을 지었다. 이모는 모자를 벗으며 땀을 닦아 내며 말했다.

"소개가 늦었네. 인사해, 이쪽은 내 조카 민예지라고 해. 예지야, 이쪽은 우리가 묵게 될 집 주인인 타오야. 어디보자, 타오가 올해 열네 살이니까, 너보다 언니네."

소개를 받은 타오가 나를 향해 바짝 다가왔다.

캄보디아 사람은 우리와 아주 많이 다를 것 같았는데, 눈이 크고 얼굴이 좀 새까맣다는 거 말곤 큰 차이가 없었다. 타오는 우리나라 어디서나 볼 수 있는 평범한 열네 살 소녀 같았다.

타오는 이모에게 했던 것처럼 나를 끌어안고 인사하려고 했다. 순간, 불쾌한 냄새가 느껴졌다. 땀과 먼지가 범벅된 듯한 냄새였다.

내가 인상을 찌푸리자 타오가 멈칫 멈추어 섰다.

"이모는, 누구 맘대로 언니래."

나는 입술을 삐죽거리며 타오 옆에서 한 발자국 뒤로 물러섰다.

"팍 선새님. 힘들지?"

"어, 피곤하기도 하고 배도 고프다."

이모의 말을 듣기 무섭게, 타오는 식사를 준비해 오겠다며 사라졌다.

그 사이, 이모는 내게 타오에 대해서 얘기해 줬다.

타오는 작년에 캄보디아 여행을 왔을 때 만난 아이라고 했다.

타오는 밑으로 동생이 넷이나 있기 때문에 학교에 다니는 대신, 일을 해서 돈을 번단다.

"한국어는 이모가 가르쳐 줬어?

"아냐, 혼자 공부하는 거야. 타오 덕분에 캄보디아 왔을 때 편하게 지냈지."

"이모, 식사 준비되는 동안 목욕 좀 할 수 있을까? 에어컨도 안 틀어 주는 버스 안에서 땀 흘리고, 오는 내내 흙먼지를 뒤집어썼더니 너무 찝찝해."

"아……. 목욕은 내일 강에 가서 하면 어때?"

"왜?"

사실 나는 씻는 걸 좋아하는 편은 아니다.

평소에 엄마한테 안 씻는다고 잔소리도 많이 듣는다. 하지만 지금 이 순간만큼은 정말 간절하게 씻고 싶었다. 따끈한 물을 받아 놓은 욕조 안에 들어가면 기분이 한결 좋아질 것 같았다.

"여긴 물이 귀하거든. 네가 목욕을 하려면 그동안 받아둔 빗물을 몽땅 써야 한단 말이야."

"뭐? 그럼 땀 흘린 건 어떡해?"

"세수만 해."

"꼬질꼬질해!"

"뭐 어때, 내일 아침에 타오한테 강에 데려다 달라고 해. 거기 가서 목욕하면 되지. 민예지, 너 표정이 꼭 울고 떼쓸 것 같다. 각서 쓴 것 잊어버리지 않았지?"

그 순간, 집에 돌아가고 싶다는 말이 확 치밀어 올랐다가 가라앉았다.

"피곤해. 잘래. 어디서 자야 돼?"

"밥은?"

"안 먹어."

"후회할걸. 얼마나 맛있는데."

이모의 말이 끝나기 무섭게 배에서 꼬르륵 소리가 났다. 자존심이 상하긴 했지만, 먹고 죽은 귀신이 때깔도 곱다니까. 나는 못 이기는 척 타오를 따라 부엌으로 갔다.

"타오, 우린 일회용 젓가락 꺼낼 필요 없어. 다 챙겨 왔거든. 예지야, 가방에 있는 수저통 좀 갖고 와."

이모가 소리쳤다. 나는 기어코 수저통을 가방에 챙겨 넣던 이모를 떠올리며 눈살을 찌푸렸다.

식탁에는 오이처럼 생긴 채소 몇 개와 카레, 그리고 이상한 냄새가 나는 국이 놓여 있었다. 이모는 물수건으로 손을 닦더니 우걱우걱 음식을 먹어치웠다.

"이모, 이게 맛있어?"

"그럼! 왜, 넌 맛없어?"

"여긴…… 스테이크나 햄버거 같은 건 없어?"

"그건 어디서든 먹을 수 있는 거잖아. 캄보디아에 왔으면 캄보디아 음식을 먹어야지.

이게 캄보디아 사람들이 먹고, 힘내서 일하는 음식이야."

이모가 오이처럼 생긴 채소를 내밀며 말했다.

"먹어 봐."

"싫어, 이상한 냄새 나."

"향신료 냄새가 좀 강하긴 하지만, 이 사람들에게는 아주 익숙한 냄새야."

"이런 여행일 거라곤 꿈에도 생각 못했어."

나는 한숨을 쉬며 말했다. 그러자 이모가 숟가락을 내려놓으며 나를 빤히 보았다.

"호텔에 가서 편하게 자고, 싼 물가 이용해서 쇼핑하고, 남들이 다 가는 관광지만 돌아다니고……. 그런 여행이 진짜 여행이라고 생각해?"

"꼭 그런 건 아니지만…… 굳이 돈 주고 이렇게 불편하게 여행할 필요는 없잖아. 얼마든지 편하고 즐겁게 여행할 수 있잖아."

"이건 그 나라를 알기 위해서, 그 나라 사람들과 똑같이 생활해 보는 것일 뿐이야. 캄보디아를 알고 싶고, 그 나라를 구경하고 싶다면 먼저 그 나라 사람들이 어떻게 사는지 알아야 하지 않을까?"

나는 뭐라고 대꾸해야 할지 몰랐다. 그래서 대답 대신 카레를 한 숟가락 퍼먹었다. 냄새만 맡았을 때는 이상할 것 같았는데, 막상 먹어 보니 맛이 썩 나쁘지 않았다.

밥을 먹자마자 나는 서둘러 잠자리에 들었다. 그동안 참았던 피곤이 한꺼번에 몰려드는 느낌이었다.

하루 종일 일한 값 삼백 원

찰칵, 찰칵…….

이튿날 아침, 나는 찰칵거리는 소리에 눈을 떴다. 옆자리를 보니 이모가 곤하게 자고 있었다. 나는 슬그머니 일어나서 마당으로 나갔다. 찰칵 소리가 무엇인지 확인해 보고 싶었던 것이다.

소리는 마당 뒤쪽에 있는 헛간에서 나고 있었다. 내가 고개를 불쑥 내밀자, 찰칵 소리가 멈추었다.

"잘 잤어, 예지?"

타오가 서툰 한국말로 내 이름을 불렀다.

"……으응."

찰칵 소리는 타오가 움직이고 있는 기계에서 나는 것이었다. 기계에는 여러 색깔의 실들이 가닥가닥 걸려 있었다.

"이게 뭐야?"

기계를 가리키며 묻자, 타오는 대답 대신 스카프를 들어보였다.

"이거, 타오가 만들어."

순간, 스카프보다 타오의 손가락에 먼저 눈이 갔다. 다치고, 베인 상처투성이 손가락이었다. 내 손을 힐끔 바라봤다. 보드랍고 말랑말랑한 손. 내가 손을 보는 사이, 타오가 다시 기계를 움직이기 시작했다. 나는 물끄러미 선 채 그 모습을 지켜보았다.

"저렇게 하루 종일 만든 스카프가 얼마짜린 줄 아니? 우리 돈으로 삼백 원이야."

뒤에서 이모의 작은 목소리가 들려왔다.

"겨우 삼백 원……."

타오가 스카프 만들다 말고 밖으로 갔다. 타오는 창고에서 지게 같은 것을 꺼내고 있었다. 지게를 맨 타오는 나를 향해 손짓을 했다. 어딘가로 함께 가자는 뜻 같았다. 나는 타오를 따라 종종걸음을 걸었다.

타오를 따라 간 곳은 마을에서 한 시간이나 떨어진 곳에 있는 호숫가였다. 그곳에서 타오는 지게에 메고 온 물통에다가 물을 채워 넣었다. 익숙한 동작이었다.

"설마 이 무거운 물통을 들고 다시 집으로 가는 거야?"

내가 빤히 쳐다보며 묻자 타오가 웃음을 지었다. 무거운 물통을

지고 있어서 그런지, 집으로 돌아가는 길은 처음보다 몇 배는 더 멀어 보였다. 타오가 낑낑거리면서 걷는 동안 나는 몇 번이나 손을 내밀었다가 도로 접었다.

물통을 같이 들어 주고 싶었지만 어떻게 말을 걸어야할지 막막했던 것이다. 그런 내 마음을 아는지 모르는지 타오는 아주 씩씩하게 걸어 갔다.

"쑤어스데이!"

타오가 다른 아이들을 향해 손을 번쩍 들어 보였다.

"쑤어스데이!"

다른 아이들도 타오에게 손을 흔들었다. 아이들이 멀어지자 타오가 외쳤다.

"리어하이!"

'저게 인사말인가?'

나는 속으로 '쑤어스데이, 리어하이'라는 말을 몇 번이나 중얼거렸다.

그동안 타오네 집에 거의 다 왔다.

"반띠아이 츠마라는 동네 이름이 무슨 뜻인 줄 알아?"

고양이 세수를 하고 온 이모가 물었다.

낡은 청바지에 티셔츠 하나를 걸치고, 모자를 쓴 이모는

꼭 캄보디아 사람 같이 굴었다. 익숙하게 빗물로 샤워를 했고, 들끓는 모기 떼를 만나도 아무렇지 않은 듯 행동했다. 또 이곳 사람들처럼 하루에 1리터 이상의 물을 쓰지 않았다.

"몰라, 관심 없어."

나는 시큰둥하게 대답했지만 사실 그 말의 뜻이 무엇인지 무척 궁금했었다. 이모는 그런 내 맘을 눈치챘는지 뜸들이지 않고 대답했다.

"고양이 성이래."

"여기가 성이라고?"

"정말이야. 여기서 좀 걸어가면 사원이 있어. 옛날에 여기서 전쟁이 있었는데 그때 목숨을 걸고 백성들을 구한 왕자를 기리기 위한 거래. 그 사원 둘레는 전부 성곽이야. 우리나라 도시 중에 수원 화성 성곽이 잘 보존되어 있는 것처럼, 이곳도 성곽이 비교적 잘 보존돼 있지."

언젠가 수원에 가서 직접 화성을 본 적이 있다. 도시 한가운데 성문이 있는 모습이 무척 인상적이었다. 그 모습을 떠올리자, 캄보디아의 성은 어떻게 생겼을지 궁금해졌다.

"이모, 거기 가 보자."

"안 돼. 난 타오네 부모님이 짓는 농사일 도와주러 가야 돼."

"그럼 어쩌라고?"

"타오가 있잖아."

"개랑 말도 잘 안 통하는데?"

내가 한숨을 짓자 이모가 내 어깨를 두드렸다.

"세상에서 가장 잘 통하는 말은 눈빛, 그리고 손짓, 발짓이야."

고양이 성, 반띠아이 츠마

그날 오후, 나는 스카프를 만들고 있는 타오 곁을 얼쩡거렸다. 타오는 나와 눈이 마주칠 때마다 방긋 웃음을 지었다.

'말이 통해야 어딜 가자고 하지. 에잇.'

그때 갑자기 타오가 내 손을 붙잡았다. 눈을 휘둥그렇게 떴더니, 타오가 두 손을 가지런히 모으고 기도하는 시늉을 했다.

"가자, 이렇게 하는 곳."

나는 사원을 떠올렸다.

"응! 가자."

타오를 따라 얼마나 걸은 것일까. 한참 걷다보니 거대한 바위 절벽이 나타났다.

"여기는, 이렇게 하는 곳."

타오가 손을 모으고 기도하는 시늉을 하며 바위를 가리켰다.

나는 눈을 의심하지 않을 수 없었다. 그 바위 곳곳에는 거대한 조각들이 새겨져 있었던 것이다. 기도하고 있는 여신의 모습, 그 곁을 날아다니는 커다란 새, 여러 개의 팔과 다리를 가진 신, 신에게 엎드려 절하고 있는 사람들…….

이 거대한 바위에 조각을 새긴 사람은 누굴까. 얼마나 많은 사람이 이 조각을 만들기 위해 땀 흘렸을까. 그런 생각을 하자 돌에 새겨진 조각 하나 하나가 대단해 보였다.

"타오, 고마워."

집으로 돌아가는 길에 나는 타오의 손을 잡으며 나지막히 말했다. 내 말을 알아들은 타오가 나를 향해 활짝 미소를 지어 보였다.

캄보디아에 온 지 사흘쯤 되어서부터는 나도 이모처럼 편하게 행동할 수 있게 됐다. 아침은 고양이 세수를 했고, 점심때가 되면 타오와 함께 호숫가에 가서 목욕을 하고, 물을 길었다. 들소 떼를 쫓아 달리기도 했고, 타오와 함께 스카프 짜는 일을 하기도 했다.

오후에는 시장에 가서 야자나무 열매를 사 먹었고, 저녁이 되면 타오네 가족들과 함께 둘러앉아 전통 요리를 먹었다. 밤에는 커다란 모기장이 쳐진 방 안에서 장난을 치고 놀기도 했다.

전기가 들어오지 않아서 텔레비전도 볼 수 없고, 컴퓨터 게임도 할 수 없는 캄보디아 농촌 마을. 나는 어느새 농촌 마을 아이들처럼 놀고 즐기는 법을 배워 가고 있었다.

"예지도 이제 캄보디아 사람 다 됐네."

닷새 째 되던 날, 이모가 내게 한 말이었다. 나는 대답 대신 씩 웃어 보였다.

"어때, 여기서 살 수 있겠어?"

"아니. 일주일은 참겠는데 평생 살라고 하면 못 견딜 것 같아."

"예지야, 네 호텔 숙박비, 교통비는 아껴서 이 지역 사람들한테 기부할 거야. 괜찮지? 우리에게 이 여행은 조금 불편하고 낯설지만, 이 지역 사람들에게 힘을 주고, 제대로 된 문화를 알 기회를 주는 좋은 여행인 거야."

리어하이, 타오!

반띠아이 츠마에서의 일주일은 눈 깜짝할 사이에 흘러갔다.

화요일 아침이 되자, 나는 이모와 함께 다시 돌아갈 준비를 했다. 내가 짐을 꾸리고 있는데, 타오가 조심스럽게 다가왔다.

"선물."

타오는 내게 자기가 직접 짠 스카프 한 장을 내밀었다.

하루 종일 일해야 겨우 한 장을 만들 수 있다던 그 스카프. 그렇게 해야만 겨우 삼백 원을 받을 수 있다던 그 스카프였다.

"이걸 나한테 주는 거야?"

타오가 고개를 끄덕였다.

"난 뭘 주지……."

나는 타오에게 무얼 선물로 주면 좋을지 몰라서 망설였다. 그런 내 말을 알아들은 것일까. 타오가 내 가슴 위에 손을 갖다대더니,

이렇게 말했다.

"친구 마음."

타오는 내게 친구가 되어 달라고 말하고 있는 것 같았다.

순간, 눈물이 핑 돌았다.

내가 눈물을 보이자, 타오가 나를 바짝 끌어안았다. 타오의 땀 냄새가 물씬 느껴졌다. 전혀 낯설거나 싫지 않은 냄새였다.

타오는 반띠아이 츠마에서 공항으로 가는 버스를 타는 곳까지 우리를 배웅해 주었다. 버스가 출발하기 직전, 나는 창문을 활짝 열고 타오를 향해 소리쳤다.
"리어하이! 타오."
버스가 덜컹거리며 출발했다.
다음에 꼭 다시 와서 타오에게 '쑤어스데이'라고 인사하고 싶어졌다. 나는 눈을 꼭 감았다.

들소 떼, 커다란 모기장이 있는 집, 호숫가, 성곽, 바위에 새겨진 조각들, 톡 쏘는 냄새 나는 카레, 찰칵찰칵 소리 나는 베틀, 빗물 받아 쓰는 목욕탕, 이상한 화장실, 까만 밤하늘.
그리고 내 친구 타오……. 안녕.

깊이 읽기

공정 여행이란 무엇일까요?

　많은 여행자들이 여행은 편하게 쉬다 오는 것이라고 생각해요. 골프 여행, 명품 여행, 마사지 여행 등등 요즘 여행 상품들을 살펴보면 화려하고, 편리한 여행이 대부분이에요. 이런 여행을 하면 기분 좋게 즐길 수 있어 좋겠지요. 하지만 그런 여행이 진정한 여행과는 거리가 있다는 생각에서 시작된 것이 '공정 여행'이에요. 공정 여행이라는 말을 처음 들어 보는 친구도 있을 거예요. 공정 여행이란 과연 어떤 여행일까요? '공정하다'는 말은 공평하고 올바르단 뜻이에요. 여행지에서 공평하게 거래하고, 올바르게 관광하는 것을 말해요.

지역에 도움을 주는 여행

방학 때 동남아시아에 있는 휴양지에 놀러갔다고 상상해 보세요. 근사한 호텔에서 자고, 유명한 관광지를 돌아보고, 바닷가에서 수영도 했지요. 또 저렴한 물건 값에 좋은 물건들도 잔뜩 사왔어요. 하지만 정작 그런 여행은 현지에 살고 있는 사람들에게는 도움이 되지 않아요.

개발이 되지 않은 나라에게 관광 산업은 아주 큰 산업이에요. 잘 보존된 자연 환경을 구경하러 많은 사람들이 모여들지요. 하지만 이렇게 벌어들인 돈은 다른 선진국에게 흘러가요. 커다란 호텔과 리조트, 골프장 등은 대부분 선진국의 돈으로 지어진 것이거든요. 무분별하게 지역을 개발해서 지역 주민들이 살 곳이 없어지는 경우도 있어요. 또 이런 호텔이나 리조트, 골프장 등을 유지하기 위해서는 많은 양의 물이 필요하지요. 지역 주민들이 오히려 식수난에 시달리기도 해요. 관광객들이 버리고 가는 쓰레기도 환경 오염을 가져오지요. 지역 주민들의 삶의 터전을 구경하며 휴식을 얻었다면, 지역 주민들에게 그러한 대가가 돌아가도록 해야겠다는 데서 시작한 것이 공정 여행이에요.

현지 문화를 이해하는 여행

　공정 여행을 통해서 현지 사람들에게서 물건을 사고, 현지 사람들과 가까운 여행을 한다면 또 무엇을 얻을 수 있을까요? 지역 주민들에게 이익이 돌아가게 하는 것만이 아니라 우리들도 여행의 본래 목적을 이룰 수 있어요. 여행의 목적은 견문을 넓히고, 생각을 넓히며, 그 지역의 생활을 체험하는 데 의의가 있는 것이잖아요. 현지인들의 삶에 대해 보다 깊이 이해할 수 있을 뿐만 아니라, 그들의 문화에 대해서도 잘 알 수 있겠지요.

　바로 이런 이유에서 공정 여행이란 것이 생겨난 것이랍니다. 자신에게 도움이 되고 나아가 여행지에 사는 사람들에게도 도움이 될 수 있도록 하자는 생각이 만든 여행인 것이지요.

공정 여행을 할 때 지켜야 할 규칙이 있어요

　공정 여행은 자신이 여행하는 지역을 좀 더 깊이 있게 관찰하고, 그곳의 문화를 보다 생생하게 체험하고, 나아가서 그 지역 사람들에게 도움을 줄 수 있는 행복한 여행이랍니다. 그러기 위해서는 꼭 지켜야 할 규칙들이 있어요.

첫째, 환경을 파괴하지 않는 여행을 할 것

　대부분의 여행자들은 일회용품을 사용해요. 그래서 여행지 주변 지역은 쓰레기로 몸살을 앓게 되지요. 그래서 공정 여행자들은 개인용 물통이랑 컵, 수저, 손수건 등을 챙겨가요. 일회용품과 플라스틱 제품 사용을 줄이기 위한 작은 노력이지요. 또 여행자들은 택시 대신 버스나 자전거, 오토바이 같은 대중교통을 이용해요. 힘은 좀 들겠지만, 탄소 배출을 줄일 수 있는 여행이라는 것이 더 의미 있는 것이니까요.

둘째, 여행지에 사는 사람들에게 도움이 되는 여행을 할 것

공정 여행자들은 반드시 그 지역의 시장이나, 현지인들에게서 필요한 상품을 구매해요. 큰 마트나 백화점에서 물건을 사게 되면 편하고 좋겠지만, 물건을 살 때 쓰게 된 돈은 모두 현지인이 아니라 일부 부자들을 위해서 쓰이게 되겠지요? 그래서 일부러 시장이나 그 지역 사람들을 찾아가서 물건을 사는 거예요. 조금만 불편을 참으면 여행자는 필요한 물건을 얻어서 좋고, 현지 사람들은 돈을 벌 수 있어 좋지요.

셋째, 현지인들의 문화를 이해하고 존중하는 여행을 할 것

공정 여행자들은 지역의 전통 음식이나 문화 체험에 적극적으로 참여해요. 현지인들을 존중하며 그들의 문화를 더 이해할 수 있는 계기로 삼는 거지요. 영어나 우리말을 쓰기보다는 지역 언어를 익히려고 노력하고, 그들이 가진 문화유산을 훼손하지 않지요. 또 아무렇게나 현지인들의 사진을 찍는 실례도 저지르지 않아요. 여행지에서 지나치게 좋은 옷을 입고, 화려한 패션을 해서 그 지역 사람들을 민망하게 만들어서도 안 돼요. 그곳 사람들과 비슷한 옷차림을 지켜 주는 것도 매너지요. 무엇보다도 공정 여행자들은 그곳 사람들이 가진 문화적 차이가 무엇인지 미리 익혀 두었다가 실수를 하지 않으려고 노력해요.

우리나라에서도 공정 여행을 할 수 있을까요?

공정 여행이라고 하면 해외여행을 떠올리기 쉽지만, 우리나라에서도 공정 여행을 할 수 있어요. 공정 여행의 정신대로 현지 사람들에게 도움이 되고 문화를 이해할 수 있는 여행을 하는 것이지요.

예를 들어 오징어잡이 배를 타고 배낭 여행을 하는 거지요. 잠은 민박집을 이용하고, 낮에는 현지인들과 함께 오징어잡이나 고기잡이를 해 보기도 하고. 밤에는 섬 주민들과 다 함께 모여서 파티를 즐길 수도 있을 거예요.

돌아오는 길에 섬에 사는 할머니들이 파는 미역이라든지, 젓갈 같은 것을 사 오면 더할 나위 없이 좋은 선물이 될 테고요.

민박집보다 더 시설도 좋고, 편리한 호텔이나 숙박 시설도 많겠지만 현지인들이 직접 운영하는 민박집을 이용하면 그 지역 사람들에게 도움을 줄 수 있어 좋고, 남과 다른 독특한 체험을 할 수 있지요. 공정 여행은 어려운 게 아니에요. 여행지의 사람들을 존중하고, 그들에게 직접적인 도움을 줄 수 있는 건강한 여행. 이것이 바로 공정 여행이랍니다.

공정 여행을 할 때 이런 준비물을 챙기세요

　여행의 짐을 꾸릴 때 개인용 물통, 개인 컵, 개인 도시락 통, 개인 수저를 반드시 챙기세요. 우리가 무심코 버리는 페트병, 플라스틱 도시락, 종이컵이 환경을 파괴한다는 것을 잊지 말아야 해요.
　샴푸나 비누 같은 세제는 가급적 쓰지 않도록 노력해야 하고, 모기약이나 비상용 약, 반창고 같은 응급 처치 용품은 꼭 챙겨야 해요. 또 공정 여행을 할 때는 많이 걷게 되니까 편한 운동화와 모자, 선글라스, 선크림 같은 것을 챙겨 두면 좋지요.

〈어린이가 꼭 알아야 할 윤리적 소비〉
착한 소비가 뭐예요?

글 서지원, 정우진, 나혜원, 조선학 | **그림** 박정인
펴낸날 2011년 10월 17일 초판 1쇄, 2024년 4월 5일 초판 18쇄
펴낸이 이재성 | **기획·편집** 고성윤 | **디자인** 이원자 | **영업·마케팅** 조광현, 김미랑
펴낸곳 루크하우스 | **주소** 서울시 서초구 사임당로 50 해양빌딩 504호 | **전화** 02)468-5058 | **팩스** 02)468-5051
출판등록 2010년 12월 15일 제2010-59호
www.lukhouse.com cafe.naver.com/lukhouse lukhouse@naver.com

© 루크하우스, 박정인 2011
저작권자의 동의 없이 무단 복제 및 전재를 금합니다.
* 이 책은 사실을 바탕으로 한 픽션입니다.

ISBN 979-11-5568-577-8 73300

※ 잘못된 책은 구입처에서 바꾸어 드립니다.
※ 값은 뒤표지에 있습니다.

상상의집은 (주)루크하우스의 아동출판 브랜드입니다.